作者简介

田 里 中国健美协会科委会负责人，浙江师大健身健美研究中心主任，教授。从事健美健身的研究和教学工作近40年。曾主持国家、省级课题多项；参与了国家“健身房星级标准”的制订；多次主持了“中国健美竞赛规则与裁判法”的修订。在国内权威期刊上发表论文数十篇；出版健身健美专著三十余部。

浙江省社会科学界联合会社科普及课题成果（15ZD15）

爬行健身

田里等　著

应势而为留重彩，趁势而上续辉煌。探索犹如爬坡，底蕴深厚的爬行行为，曾经为人类生命的存延起了不可估量的作用，却也曾经无奈地因自然的变迁和人类进化、文明演进而渐被遗弃。而在人们日益关注自我健康的当今社会，跌宕起伏中的爬行对人体之功效又重新被大家所认识，由此也就为爬行健身的再次流行提供了新的机遇。

光明日报出版社

图书在版编目（CIP）数据

爬行健身 / 田里等著. -- 北京：光明日报出版社，2016.12

ISBN 978-7-5194-2579-1

Ⅰ.①爬… Ⅱ.①田… Ⅲ.①健身运动—基本知识 Ⅳ.①G883

中国版本图书馆 CIP 数据核字（2017）第 033038 号

爬行健身

著　　者：田里等

责任编辑：曹美娜　　　　责任校对：赵鸣鸣

封面设计：中联学林　　　　责任印制：曹　净

出版发行：光明日报出版社

地　　址：北京市东城区珠市口东大街 5 号，100062

电　　话：010-67078251（咨询），67078870（发行），67019571（邮购）

传　　真：010-67078227，67078255

网　　址：http://book.gmw.cn

E - mail：gmcbs@gmw.cn　caomeina@gmw.cn

法律顾问：北京德恒律师事务所龚柳方律师

印　　刷：北京天正元印务有限公司

装　　订：北京天正元印务有限公司

本书如有破损、缺页、装订错误，请与本社联系调换

开　　本：710×1000　1/16

字　　数：201 千字　　　　印　　张：14

版　　次：2017 年 5 月第 1 版　　　　印　　次：2017 年 5 月第 1 次印刷

书　　号：ISBN 978-7-5194-2579-1

定　　价：68.00 元

序　言

自然选择不仅是进化生物学中最核心的概念，同时也是导致生物进化的关键因素。然而，人类的进化从某种意义上来说虽受自然环境的影响在变小，但自然选择依然在影响着人类进化。因为自然选择导致人类基因的改变需要时间，在相对稳定、安全的环境中，这种改变并不容易显现出来，而在极端环境中则可以相对清晰地看到。

人类未来如何进化，在目前阶段无从知晓。环境快速改变时，才会有快速的进化。而人类所处环境的最主要部分是人类文明。人类文明正在爆发，人类的生物特征也会随着文明的发展而改变，只不过人类无法看到，因为人类正处在这个过程当中。当今文化和技术究竟有多少能反映在人类进化的层面，还无法量化。未来环境的变化无法预测，人类基因的突变也无法预知。故，一切都是未知数。但可以肯定的是，人类将会在自然环境和人类文明的共同影响下继续前行。

“光阴似箭，岁月如梭”。科学工作者经大量艰苦的对进化与人类文明研究后认为，人类与现代类人猿（长臂猿、猩猩、黑猩猩和大猩猩）的亲缘关系较近，并有着共同的原始祖先——森林古猿。“物竞天择，适者生存”，当时的森林古猿在热带森林中过着树栖生活。后来，经漫长的时光流逝，地球上某些地区发生地壳运动，气候变得干燥寒冷、森林减少。其中，有一部分古猿被迫迁移，寻找新的森林，继续过树栖生活，并逐步进化为现代类人猿；而另一部分古猿被迫从树上下来走向平地生活，它们学会了直立行走，从而将前肢解放出来，用于取食和御敌。

恩格斯曾指出，直立行走是从猿到人转变过程中“具有决定意义的一步”。直立行走不仅使手、足进一步分工，还促进了躯体的变化，形成人所特有的体态结构。在这个过程中，他们的四肢和大脑开始发育，人类祖先的双手越来越灵巧，制造工具的能力也越来越强，大脑也越来越发达。在制造和使用工具的过程中，人与人之间要交流信息，从而产生了语言。恩格斯说：“劳动创造了人本身。”在以后漫长的进化过程中，他们的身体和智慧得到更大的发展，手、脑和语言的发达又进一步提高了劳动效率，增进了人与人之间的联系，逐渐形成了人类社会和人类的文明。由此可见，人类的祖先从爬行到学会直立行走，很大程度上是环境造成的，或者说环境所迫。人类可以直立行走也是最大区别与其他灵长类动物的行为之一。

从爬行到直立行走，人类完成了一个重要的进化。而人体貌似一台设计精密的“仪器”。然而，这台貌似完美的“仪器”，其实也并不完美。人类在进化的过程中出现了许多失误，而这些失误一直困扰着医学界。如，人体各部位中的耳、鼻、喉、心脏、脊椎、牙齿等无论是外形还是功能，都存在着诸多的不足。这正如学者陈均远所说的：为了“站起来”，人类的祖先可以说是“不惜代价”，以至今天人类还不得不为此埋单——饱尝足痛膝伤之苦，忍受背痛的折磨，还要应付孕妇分娩时的险象环生。

人类的直立行走虽然解放了双手，但为此达成的进化妥协，却也带来了骨骼剧变的烦恼。因为，人类的骨骼、关节、肌肉、韧带等结构既兼顾了实用与美观且相当合理，但是离完美却还有一定的距离。如，人类的祖先在用四只脚走路时是脊柱大而腰椎小，而直立行走之后就相反了，是脊柱小而腰椎大。脊柱从原先的起拱顶作用，变成了充当承重的立柱。这种脊柱从耗能的角度看，既经济又有效，维系着人体平衡和双足移动，但却承受了过度的压迫。而当椎骨在受到长期挤压时，椎间盘就可能会突出，压迫脊椎神经，引起疼痛。此种疾患除了人类，没有一种灵长类动物感受过这种背部疼痛。然而，为了减轻或预防颈椎、腰椎以及整个背部的疼痛，现代人们常会采用水平运动方式——如游泳进行缓解锻炼，而游泳的状态其实就是类似于回归到人类祖先用四肢行走的状态。

人类的疾病，除基因演变外一切都跟进化息息相关。追寻人类的进化史，人类原来是爬行的，进化直立行走后导致了心脏负荷的加大。由此，四肢动物患高血压病的现象十分罕见，爬行动物得心脏病的可能性就非常小。但是在灵长类动物的人和猿之中则很普遍，原因就是灵长类动物具有直立行走能力的特点，这才是引起高血压的主要原因。在医院的临床观察中也发现：人在躺卧休息时，心脏喷出血量达5升/分钟；而处于直立状态下，心脏的喷血量降低到3升/分钟。为了弥补直立时心脏喷血量的下降，体内神经和激素系统就会促使血管收缩，迫使动脉系统中的血量减少，使心脏喷血量和脉容量之间得以保持平衡，并使头部及体内其他器官能得到正常的供血。据学者介绍，直立的姿态会促使动脉血管经常不断地进行收缩来提高血压，以保证身体各部位的正常供血，久而久之就容易产生高血压病。

大量研究表明，爬行有益于心脏、大脑、脊椎和骨关节病、骨质疏松、静脉曲张的防治，而且，因人类的直立行为易在腰腹、臀部和下肢积聚脂肪，而爬行俯身锻炼的运动强度适中，运动条件简便，过程寓练于乐，对腰腹臀等针对性动作多，减肥塑身功效更显著。尤其女性进化为直立后，重力易使乳房下垂，而爬行则既让重力在女性胸部均衡，又以较多的动作健美胸部，更对脸部骨骼、皮肤供应充足的血液和营养，有利于女性的护容养颜。

学者的研究还进一步透视，爬行时的呼吸主要是采用“腹式”，比直立时的“胸式”呼吸所吸入的空气量增2~3倍。再者，腹胸部的内脏器官是由它的肠系膜悬挂在弓状脊柱上，并由腹肌收缩从下面托着它，减少内脏压力的。故，爬行的位移形式对胃、肾下垂患者的治防非常有益，对胃肠等内脏机能的增强也非常有效。另外，每爬行一步，肛门也会收缩一次，这还能防治痔疮。

综上而言，人类从爬行到立行的进化与演变，推进了人类的文明和进步，但也为此付出了诸多的悲催代价。为此，返璞归真，如何尽可能续用“造人”初源时的生理功能，规避进化中的功能不足，挖掘人类的肌体能效等，也就成了学者和科学家所关注的热点。介于爬行的健身、塑体、修心等特殊的功效，为使健身锻炼者能更好掌握爬行相关的系统理论知识与锻炼技能，使爬练者获得更好的运动效果，本研究主要对爬行健身的基础学科、基本理论、基本技能、基本知识做了较全面、系统的论述。但因研者能力、学识及研究深度所限，著作中争议和差错之处敬请读者斧正。

田　里

于金华 2016-6-10

目 录
CONTENTS

第一章

爬行运动概述

第一节　爬、立行的演变

一、从猿人爬行到人类立行的行为演变

纵观人类进化的演变，当以四肢爬行的猿变成直立行走的人，这是一个跨越性的飞跃，直立行走是猿人与人类区别的重要标志之一。人类由猿类进化到人类是地球千百万年环境变化的结果。

在约数百万年前，地球上一些地方的气候变得干燥，森林面积缩小，这时原居森林的猿类因生存条件变化，食物减少，一部分古猿被迫走出森林，到林缘草原地带觅食生存。而南方古猿中的纤细型古猿，因为身体纤细轻盈在地面奔跑方便，所以这部分古猿最先走出森林，在林缘草原间奔跑觅食。这广阔的林缘草原地带生存条件宽广，易于觅食。但自然的水火地质等灾害及狮虎类猛兽的危害也相应增加，因而需要视野开阔能及早发现险情，及时避免伤害。故，这部分古猿就逐步改变原来四肢着地行走为直立双脚行走，抬高头部开阔视野，以适应环境变化的需要。在这过程中，同时也刺激了大脑的发展，及时分析判断客观环境的变化，以满足生存的需要。所以，直立行走是猿演变成人的关键点之一。

（一）爬行能锻炼幼儿全身大肌肉活动的力量

幼儿爬行可以锻炼胸肌、背肌、腹肌以及四肢肌肉的力量及全身的肌肉力量，是一种全身性的强体健身活动，并且有助于视听觉、空间位置的感觉、平衡感觉的发育，促进身体的协调；还可使血液循环流畅，并且促进肌肉、骨骼的生长发育。并且爬行中消耗能量较大，有助于幼儿吃得多、睡得好、长得快。

（二）爬行是幼儿第一次全身协调运动

幼儿通过四肢爬行，在锻炼力量的同时，全身肌肉都能参与运动，起到锻炼全身的协调性和灵活性的作用，对幼儿站立行走起到良好的过渡作用，幼儿从爬行到摇摇晃晃站起来，一次次摔倒，一次次爬站起来，直到完成直立行走，虽然走得慢，步履蹒跚，但是已是幼儿成长的一次大跨越。

（三）爬行能增进母子间的交流

幼儿会爬后，在父母的引导下获得的成功体验不断增多，并且能够在爬行中获得娱乐、趣味、成功、失败等多种体验。这些体验能够丰富幼儿的情感，研究表明，经常爬行的幼儿见到父母时的兴奋状态明显高于不会爬行的幼儿。幼儿会爬后，他接触父母禁止触动的物品、做父母不允许他做的事情的可能性都大大增加了，这在客观上增加了亲子情绪互动的机会；同时，幼儿会爬行又使得父母意识到幼儿本身的主动性，并使父母开始以一定的规范要求孩子，开始对幼儿不合规范的行为表示不快。这些变化又进一步促使幼儿的社会性情绪发展。

三、幼儿爬行到成年爬行的文化演变

（一）对动作的初学与掌握演变

爬行需要大、小脑之间的密切配合，多爬能够丰富大、小脑之间的神经联系，促进脑的生长。爬行动作由最初的爬行反射，经过抬头、翻身、打滚、匍行等中间环节，最终发展成真正的爬行，需要经历多次的学习、实践；每一次学习与实践都是一次对大脑积极性的调动与激发。因此，学习爬行其实就是对脑神经系统功能的一次强化训练，对于脑的发育具有不可替代的特殊作用。

（二）对周围事物的认知演变

幼儿语言交流的频率，取决于肢体语言的频率，会爬的幼儿不断地用自己的身体探索周围的世界、有许多举动带有结果的未知性，所以家长语言的发出频率明显多于不会爬的幼儿。而爬行则使视听范围大幅度扩大，刺激量大了，思维、语言与想象能力自然得到了发展与提高。在父母不断的语言提示、自己的肢体语言、行为结果的互动中，幼儿对语言理解的准确性、肢体语言回答的合理性比不会爬行的幼儿发展要快得多。

（三）对人类运动快感的演变

爬行给幼儿带来了许多意想不到的乐趣，而“摸爬滚打”也锻炼了幼儿的意志和胆量，有利于幼儿的个性培养。幼儿的运动、神经等系统在爬行中得到充分的锻炼。这不但有助于幼儿骨骼、肌肉、神经、大脑的发育，而且可以为他们更早、更好地认识世界打下良好的生理、心理基础。这些学习经验将化为好奇心，让幼儿勇于探险，而且培养未来独立解决问题的能力及自信。

（四）从爬行到直行的快感体验演变

幼儿爬行是人类进化的结果。人类在数百万年的进化中，科学家称哺乳动物大脑中主管走路的神经机制是相似的，大脑需要发育到一定程度来激活这些机制，只不过人脑发育的时间较长而已。《科学美国人》里的一篇文章指出，大多数的哺乳动物的大脑在还在子宫里的时候，就已经开始发展运动机能了，并且在动物出生后不久就可以走路了。这是因为大脑的尺寸较小和妊娠时间较短的原因。另一方面，人类在出生之前，大脑就已经开发了一些运动技能。如果婴儿的头在子宫里长得过大的话，是不适合自然生产的。随着婴儿的成长，在他们的大脑成熟之后，他们就会自然地发展出必要的走的运动技能。有些时候，这可能需要将近一年的时间，或者是更长一些时间。

（五）直行后对人类社会文明的体验演变

当人进化出直立行走之后，骨盆形状发生变化导致产道变得狭窄。同时，随着人类使用工具水平提高、社交越来越频繁，人的智力逐渐升高，脑体积也越来越大。狭窄骨盆和婴儿增大的脑体积使得生孩子变得更加困难。虽然在进化过程中婴儿产生了在经过产道时头骨压缩的能力，但这些仍然不足以让一个成熟的大脑通过产道。因此，最终解决办法是让一个并没有发育成熟大脑的婴儿先出来，出生后再经过一个较长的时间来彻底发育成熟。所谓发育成熟的途径大概包括给神经元包上髓鞘，以更好地控制肌肉系统，以及产生更多运动相关的突触等等。所以，人在出生后一年左右才会走路，基本是骨盆减小和脑体积增大在进化中达到平衡的结果。

第二节　爬行的健身功效

一、爬行对全身肌肉的锻炼功效

（一）爬行能使全身更多的肌肉得到锻炼

爬行运动是以与地面水平相平行的运动。人体的四肢着地，相比较直立行走，四肢爬行与地面的接触面积更大，四肢受力分布更合理，全身得到的锻炼的肌群更多。爬行运动几乎可以锻炼到全身每一个部位，尤其是对上肢肌群、肩背部肌群、腰腹部肌群、胸部肌群、起到了良好的锻炼作用。爬行运动只需要正常爬行，不需要做目标肌群的锻炼就能达到良好的全身性锻炼效果。

（二）爬行能促使肌肉运动能力提升

爬行时，身体与地面平行，心输出压力减少，全身肌肉在运动时获得良好的血液供应，有利于血液尽快到达机体各部位，营养物质、氧气和代谢物质的快速转运，从而促进机体肌肉运动能力的提升和耐力的延长。

（三）爬行可减少因过于受力而引起的肌肉抽筋、肌纤维拉伤

爬行时，大脑位置与心脏处于同一水平，可以降低直立长时间运动时大脑因缺氧带来的风险。爬行运动四肢受力可以减少因下肢过于受力而引起的肌肉抽筋、肌纤维拉伤等情况的发生。

二、爬行对内脏器官功能的良好运作功效

爬行运动，使人体回归原始的腹式呼吸，更有利于人体内脏器官的良好运作，这种呼吸方式更有利于人体健康。

（一）爬行运动有利于消化和吸收

爬行运动能加强胃肠的消化和吸收，对消化系统的功能有很好的作用。爬行时促使膈肌上下移动和腹肌较大幅度地活动，从而对胃肠道起到较好的按摩作用，改善胃肠道的血液循环，加强胃肠道黏膜的防御机制，尤其对于促进消化性溃疡的愈合有积极的作用。运动改善了腹腔内脏活动的调节机能，增加了胃肠蠕动及其血液循环，使腹胀肠鼓、便秘、下肢静脉曲张、痔疮、嗜睡等并发症减少。腹肌活动增强，促进了胃肠的蠕动，使人的食欲增加。

爬行过程所采用的腹式呼吸，不仅能刺激人体所有的内脏器官，增加内脏的血液供给，从而达到减少内脏器官的疾病，更在爬行所使用的腹式呼吸时，随着腹肌的起伏运动，胃肠的活动能量就会增大，消化功能也将得到加强，从而使人体对养分的吸收更加充分。且腹肌又是排便的动力肌。故，有规律的腹式呼吸锻炼还有利于防止习惯性便秘，对糟粕的排除更加彻底。

（二）爬行运动有利于健肺

腹式呼吸不仅弥补了胸式呼吸的缺陷，而且可使中下肺叶的肺泡在换气中得到锻炼，从而延缓老化，保持良好弹性，防止肺的纤维化。做腹式深呼吸运动，可使机体获得充足的氧，也能满足大脑对氧的需求，使人精

力充沛。

1. 腹式呼吸比胸式呼吸利用率高。有研究认为，胸式呼吸时的肺活量小，肺组织利用率低，即肺的中下部分的肺泡组织活动度小，长期处在停滞状态，这不仅使人的氧气吸入量减少，还使这部分肺组织因长期少用而易退化、纤维化以及为细菌生长创造条件。所以，有些老人平时身体尚健，也无呼吸疾病，一旦因不慎受寒而引起肺炎后，往往几天之内就会因呼吸衰竭而逝去。

爬行腹式呼吸时，膈肌上下活动范围加大，使胸腔容积得到最大范围的扩展和回缩，同时腹腔脏器也得到充分的运动。研究认为，正常情况下胸式呼吸 1 次约 5 秒钟，吸入约 500 毫升空气；而平静状态时做腹式呼吸，1 次约为 10～15 秒钟，吸入 1000～1500 毫升空气。可见，腹式呼吸可最大限度利用肺泡组织，充分进行气体交换，有利于肺组织健康。

2. 腹式呼吸可以最大增加肺体积。爬行运动使呼吸肌得到锻炼，肺容量增大，表现为胸围增大，呼吸差加大。一般人呼吸差为 5～8 厘米，而经常锻炼者的呼吸差可增至 9～16 厘米。与此同时。反映肺通气功能的若干指标如：肺活量、最大通气量等也大大提高。良好的呼吸功能是体质增强的标志之一，肺活量在一定程度上可以反映一个人的体质状况。一般健康成年男性肺活量为 3500～4500 毫升左右，经常参加体育锻炼者肺活量可达到 4500～5500 毫升，而训练有素的运动员则可达到 7000 毫升。

3. 腹式呼吸可以最大限度地利用肺组织。充分进行气体交换，使肺组织得到健康的锻炼，改善呼吸循环功能；可以使呼吸阻力减低，潮气量增大，无效腔通气比率减少，气体分布均匀，有效通气量增加，通气和血流比例改善，从而减轻患者慢性缺氧状况。事实上所有的爬行动物，都是使用全肺的腹式呼吸，故他们都能活到发育期的 7 倍。只有人类使用胸式呼吸，因此只活到自然寿命的一半。如果人类全部采用腹式呼吸，加之适度的运动和生病时及时治疗，那么人类有可能活到 100 岁并有望享寿 150 岁。我国古代医家早就认识到腹式呼吸有祛病延年的奇功，并创造了“吐纳”“龟息”“气沉丹田”“胎息”等健身方法。唐代名医孙思邈对腹式呼吸尤为推崇。而华佗发明“五禽戏”说明人类模仿动物的运动对人体的健康有多么的重要。

（三）爬行运动有利于机体减少疾病

1. 爬行运动促进体内毒素排出。在爬行过程中，坚持做腹式深呼吸，不仅可按摩肝脏、保肝护肝、排出体内毒素，而且既锻炼腹肌，消除堆积在腹部的脂肪，又能防范多种代谢性疾病。临床研究认为；人在腹式呼吸时，膈肌上下运动范围加大。使胸腔容积得到最大范围的扩展和回缩，同时，腹内脏器也得到充分的挤压运动，由于膈肌和腹壁肌肉的运动，以及腹腔内压的变化，使腹腔内脏器（如肝脏）得到自然按摩作用，有利于肝脏的气血循环和养料供应，促进有毒物质和废物的排泄。长期坚持锻炼，会加快肝细胞的修复，促进肝功能保持稳定，病情不易复发。

2. 膈肌活动范围增加，可减少疝气的发生。腹式呼吸，可使膈肌活动范围增加约 4 厘米，是老年性肺气肿及其他肺通气障碍的重要康复手段之一。很多老人易出现疝气，就是因为他们的腹肌长期得不到有效锻炼，变得十分薄弱，肠内脏器就容易突出到皮下。腹式呼吸可有效锻炼腹部肌肉，减少疝气的发生。

3. 利于消耗多余的脂肪，促进胃肠道的蠕动。腹式呼吸可充分发挥肺泡的功能，增加肺活量。爬行运动能增强呼吸肌力量，增加胸廓活动范围及肺活量，改善肺通气及换气机能。由于气体交换加快，既有利于消耗人体多余的脂肪，又能促进胃肠道的蠕动，利于消化。加快粪便的排出，坚持做爬行腹式深呼吸，既锻炼腹肌，消除堆积在腹部的脂肪，又能防范多种代谢性疾病。

三、爬行对人体脊柱的强健功效

（一）爬行可促使椎柱的强健

伴随着由爬行到直立行走的演变，人类的骨骼和相应地各部分肌肉的原有结构和功能也随之发生了变化。用四肢爬行，动物的脊椎就像一座桥，四肢的受力与椎体形成了一种分散压力而保持平衡的关系。但直立起来的人，脊椎骨承受了所有的重力，尤其腰椎承受的压力最大。脊柱是人体的中轴骨骼，是身体的支柱，具有负重、减震、保护和运动等功能。上端承托头颅，胸部与肋骨成胸廓，上肢借肋骨、锁骨和胸骨以及肌肉与脊柱相连，下肢借骨盆与脊柱相连，正常脊柱可作前曲、后伸、侧曲、旋转等运动。上下肢的各种活动，均通过脊柱调节，保持身体平衡，一侧上肢可以持重百余斤，而身体仍能保持平衡，这主要是靠脊柱的平衡作用。故，爬行时的这种平衡对促使脊柱的强健起着积极的影响。

（二）爬行可减少腰椎疾病的发生

人类与动物最大区别，就在于从四肢爬行逐渐演变成两条腿直立行走。正是由于两条腿的直立行走，缩小了肌肉、关节的活动幅度，心肺功能亦相应减弱，人类除大脑外的机体功能均相对降低。尤其是脊椎体的功能更是受到严峻的挑战。人体直立后，原先由四肢分担的躯干的重量全部落到两下肢上，人类的脊椎体根据负重的大小重新组合。如，原本用来维持平衡功能的尾巴退变为尾椎；负担最大的骶椎融合成一个整体；腰椎变得较为粗壮；胸椎变成相对固定的保护内脏器官；相对灵巧的颈椎变得弱小。而整个脊柱的功能则主要依靠脊柱周围的肌肉、肌腱、韧带维系。由此，爬行运动能很好地锻炼脊柱周围肌群，使肌肉发达、有力，使传递力和承受重量的能力不断提高，减轻脊柱承受的力量，为缓解脊柱因承受巨大的压力而产生病变的情况发生。

（三）爬行可防纠不同程度脊柱侧弯和后凸

人在坐、站、走或跑时，上半身的重量全部由脊柱承担，肩背的、头的重量也全压在脊柱上。人类在千百万年的进化当中，伴随着人体的直立，脊柱也相应地一同进化，脊柱因承受更多的压力，人类的脊柱相比同等体形的四脚着地的动物更加粗壮，少年、儿童正处于生长发育最快的时期，骨化未完成，骨中含有机物多，无机物少，脊柱的伸展性、弹性和变形性较大，处于塑造阶段。少年、儿童的书包重量过重，习惯地背在一侧肩或双肩上，使脊柱受力过重或左右不等，慢慢地向重的一侧或向前弯曲。长时期坐姿不正确，也是使脊柱变形的一个原因。中、小学生上课时的坐姿是两膝放于桌下，小臂弯屈，屈肘置于桌上，这样躬背、含胸、伏桌现象很多，由于中小学生长时间保持这一姿势，脊柱的负担就大。学生平时针对脊柱的练习很少，因而产生了许多侧弯和后凸。然而，在四脚着地的动物中是不存在脊柱后凸和侧凸的疾病发生。他们的脊柱是用来拐弯而不是负重的。故，爬行运动可起到锻炼脊柱，预防脊柱侧弯和后凸的作用。

（四）爬行可促进脊柱的生长发育

脊柱在发育时期易受外界影响而变形。而爬行是把脊柱平放下来，整个身体的重量都置于四肢上。经常进行短时间爬行运动就能使脊柱得到休息，减轻负担，从而使脊柱挺拔笔直。尤其是爬行运动的转弯，它把脊柱全方位地扭曲、拉长，能使脊柱完全得到锻炼，伸展性和平衡能力得到提高。故，爬行运动对脊柱的生长发育起着举足轻重的影响。古代的健身操“五禽戏”就是模仿鸟兽动作来放松和锻炼脊柱为主的。经常做这类模仿动物的爬行运动，持久坚持，必定有明显的效果。

四、爬行对心血管系统的护养功效

（一）爬行运动对心血管的生理特质影响

人站立时是以胸式呼吸为主，而爬行时是胸式呼吸和腹式呼吸相结合。爬行运动可使心肌纤维变粗，心脏收缩力增强，心率减慢，搏出血量增加。现代人缺乏运动，心脏功能相对较差，出现诸多的头部疾病。而爬行运动有助于改善心肌代谢，提高心肌工作能力，心收缩力得以加强，改善了肥胖者心血管系统对体力负荷的适应能力，减轻心脏负担。特别是对冠状动脉作用明显，使其管腔增大、管壁弹性增强，从而使心脏本身的血液供给得到改善，使心脏和整个循环系统的功能处于良好的状态。坚持爬行运动还能有效地降低单位时间的心跳次数，因为心脏功能的增强，每收缩一次所输出的血液量增加，所以尽管心跳次数减少，而供血和供氧量却没有减少。

（二）爬行运动改善血液循环

爬行使血液循环经济，减轻心脏负担。改善血液循环系统功能。爬行运动可增加头部的血液供给。进行爬行运动时，人的身体与地面处于平行状态，头部及整个躯体都在同一水平位，所承受的地球引力是一样的，这种姿势，对全身的血液循环十分有利。从猿到人的进化中，人类由爬行变成了直立状态，大脑及心脏的位置也相应升高，尤其头部处在心脏上面，给头部供血造成了一定的困难。由于地心引力的作用，心脏除克服血液在血管中的摩擦阻力之外，还要克服血液本身的重力，才能推动血液的循环。

第三节　爬行的健身特征

一、爬行健身的目的性特征

人类在学会走路之前就先学会爬行，脊椎的四个生理曲线中的颈椎前凸弧度，就是婴儿在爬行时后天形成的。爬行，也是自然界里绝大多数哺乳动物使用的基本活动方式。科学家研究发现爬行动物和四脚行走的哺乳动物很少患心脑血管和脊柱方面的疾病，主要原因之一就是这些动物基本活动方式是爬行。中国汉代名医华佗的《引导图》中，就有根据老虎和鹿的动作发展出的爬行锻炼方式。爬行运动是一种水平运动，在水平姿势下，重力对脊椎的压力最小，重力对心血管系统影响最小。因此，可以消除和减少重力对人体的副作用，其主要的目的性在于：

（一）爬行运动的血液促循环特征

进行爬行运动时，人的身体与地面处于平行状态，头部及整个躯体都在同一水平位，所承受的地球引力是一样的，这种姿势，对全身的血液循环十分有利。人类由爬行变成了直立状态，大脑及心脏的位置也相应升高，尤其头部处在心脏上面，给头部供血造成了一定的困难。由于地心引力的作用，心脏除克服血液在血管中的摩擦阻力之外，还要克服血液本身的重力，才能推动血液的循环。加之，现代人缺乏运动，心脏功能相对较差，出现诸多的心血管疾病。而爬行运动有助于改善心肌代谢，提高心肌工作能力，心收缩力得以加强，改善了肥胖者心血管系统对体力负荷的适应能力，减轻心脏负担。由此，爬行对提高锻炼者的心脏和循环系统功能的促进是显而易见的。

（二）爬行运动的健体性特征

人类与动物最大的区别，就在于从四肢爬行逐渐演变成两条腿直立行走。正是由于两条腿的直立行走，缩小了肌肉、关节的活动幅度，心肺功能亦相应减弱，由此人类除大脑外的机体功能均相对降低。特别是脊椎体的功能更是受到严峻的挑战。故，可以通过爬行运动锻炼腰椎，预防和治疗腰椎疾病；爬行可以放松腰部，拉开椎间隙，减少椎间盘压力，避免了腰椎和腰背部肌肉过度疲劳，能起到放松肌肉，锻炼腰脊的作用，有助于减少腰椎疾病的发生；爬行运动时，手臂的承重加大，通过循序渐进的锻炼，心肺功能就会得到提高和强化，直接激发和促进心肺功能的发挥；通过手脚并用的练习，可以提高肢体整体的协调性，平衡性；并且在交换手臂，腿部的锻炼中，可以交替的拉伸手臂，腿部的筋脉及拉伸膀胱经；同时，在抬腿往前迈步的时候，通过收腹等方式，直接可以刺激和按摩脏腑。

（三）爬行运动防脊柱退变性特征

现代人长期伏案工作，低头、含胸、躬背的姿势，使脊柱容易逐渐侧弯或后凸，导致许多人的肩颈部肌肉过度的疲劳而损伤。经常进行一些有助于脊柱健康的反序运动，如：爬行、倒立、磕头或倒退走，再加上行之有效的背部拍打，则会使椎间隙受到合理的挤压，控制多余水分，有效刺激脊柱的神经根，疏松颈部和腰部肌肉，从而使脊柱慢慢恢复健康。通常，人体骨骼的发育一般在18—20岁时就已停止，继而人类就将面临身体机能退行性改变的漫长岁月。据专家的研究表明，爬行类动物脊柱的退行性改变远比人类好得多，而人类则已为脊柱的退变付出了极大的代价。

二、爬行健身的个体性特征

（一）婴幼儿爬行特征

“二抬四翻六会坐，七滚八爬周会走”这是宝宝大动作的发育过程，每个孩子都会经历这些阶段，绝大多数父母已经认识到“爬”对于孩子的重要性。因为“爬”很好地扩大了孩子的视野范围和活动范围，极大地拓展了孩子采集信息的范围和渠道，对思维逻辑的创建是有巨大帮助的；“爬”又很好地促进了孩子四肢协调动作的发展。

1. 体能（活动能力）。爬行能锻炼宝宝全身大肌肉活动的力量，尤其是四肢活动的协调性和灵活性，是一种综合性的强体健身活动。爬行是宝宝第一次全身协调运动，它将对宝宝成长产生深远的影响。爬行可以锻炼胸肌、背肌、腹肌以及四肢肌肉的力量，还有助于视听觉、空间位置感觉、平衡感觉的发育，可以促进身体的协调。它可使血液循环流畅，并可促进肌肉、骨骼的生长发育，防止脊柱弯曲，婴儿在爬行时，头颈仰起，胸腰抬高，有利于增强呼吸系统功能。另一方面，婴儿在爬行运动中，四肢并用，可使左右脑正常发育，使婴儿的智力得到全面的发展。

2. 体质（健康）。爬行消耗能量较大，有助于孩子吃得多、睡得好、体重、身高长得快。增进亲情：爬行能增进母子间的交流。在宝宝会爬后，在父母的引导下获得成功的体验不断的增多，在学者的实验中得到兴奋、成功、失败体验婴儿，表情丰富，见到父母时的兴奋状态明显比不会爬行的婴儿要强。

3. 心理发展（应激能力）。当小孩受到应激作用时，就会产生一种相应的反应，并在新的情况下逐渐地适应。如果不能适应这种刺激，就可能在生理上或心理上产生异常，甚至可能发生疾病。

4. 社会性发展（交往）。婴儿会爬后，他接触父母禁止触动的物品、做父母不允许他做的事情的可能性都大大增加了，这在客观上增加了亲子情绪互动的机会；同时，婴儿会爬行又使得父母意识到婴儿本身的主动性，并使父母开始以一定的规范要求孩子，开始对婴儿不合规范的行为表示不快。这些变化又进一步促使婴儿的社会性情绪发展。

5. 智力发展（脑神经发育）。爬行需要大、小脑之间的密切配合，多爬能够丰富大、小脑之间的神经联系，促进脑的生长。爬行使婴儿开始主动移动自己的身体，开阔眼界，增长见识，促进其认知能力的发展。爬行会刺激左右脑均衡发展、理解与记忆并进。爬行可刺激内耳或前庭系统，有助维持平衡感，而手眼协调也有相同作用。

6. 促进语言发展（交流）。对婴儿语言交流的频率，主要取决于婴儿肢体语言的频率，会爬的婴儿不断地用自己的身体探索周围的世界、有许多举动带有结果的未知性，所以家长语言的发出频率明显的多于不会爬的婴儿，在不断的父母语言提示、婴儿的肢体语言、行为结果的互动中，婴儿对语言理解的准确性、肢体语言回答的合理性比不会爬行的婴儿发展要快得多。

7. 性格发展（意志、胆量）。爬行给宝宝带来了许多意想不到的乐趣，而“摸爬滚打”，也锻炼了宝宝的意志和胆量，有利于宝宝的个性培养。

8. 探索欲望（自主、自信）。爬行是幼儿生长过程中的一个重要环节。爬行这不但有助于孩子骨骼、肌肉、神经、大脑的发育，而且可以为孩子更早、更好地认识世界打下良好的生理、心理基础。这些学习经验将化为好奇，并且勇于探险，而且培养未来独立解决问题的能力及自信。

（二）儿童少年爬行特征

儿童从出生到长大成人，在整个生长发育过程中所表现出来的普遍现象，称为生长发育的规律。儿童少年在整个生长发育过程中虽然受自然条件、家庭生活、营养条件、疾病和遗传、体育运动等因素所影响而产生年龄和性别上的个体差异。但是，身体的生长发育规律还是客观存在的。

1. 爬行运动对脊柱的生长发育起着举足轻重的影响。儿童少年处于生长发育的关键期，尤其是现代的学生，因长时间坐在课桌前，会影响脊柱的正常生长。由此，为减轻学生们脊柱的负重，以促进其脊柱的生长发育，其中多参与爬行活动就能经常地将脊柱平放下来，使整个身体的重量都置于四肢上。脊柱在发育时期易受外界影响而变形，经常进行短时间爬行运动就能使脊柱得到休息或减轻脊柱负担，从而使脊柱挺拔。

2. 爬行运动增强儿童少年的呼吸系统功能。儿童少年呼吸器官组织娇嫩，呼吸道黏膜容易损伤。肺组织中弹力纤维较少，间质多，血管丰富。肺的含血量较多，而含气量较少。在爬行时，通过腹式呼吸，随着腹肌的起伏运动，胃肠的活动能量就会增大，消化功能也将得到加强，从而使人体对养分的吸收更加充分，腹肌又是排便的动力肌，所以有规律的腹式呼吸锻炼还有利于提高免疫力，增强呼吸系统功能。

总之爬行运动对脊柱的生长发育起着举足轻重的影响，而少年、儿童的锻炼时间主要集中在体育课和课外活动中。因此，每堂体育课中可适当安排一定量的爬行练习，哪怕短暂的也好。

（三）中青年人爬行特征

1. 爬行有助于预防和治疗众多脊柱相关疾病。现代社会，越来越多的人坐着电脑前工作，颈部、腰部酸疼是常见的病症，长期久坐，或者有的坐姿不良，或总是固定一个姿势而使得腰部软组织长久处于张力状态，很容易产生腰肌劳损。通过爬行运动，使长时间压迫的脊神经得到暂时的缓解，使脊柱得到完全的锻炼，增加了脊柱的柔韧性、伸展性和平衡性，有助于预防和治疗颈椎病、腰椎病、腰肌劳损、坐骨神经痛及众多脊柱相关疾病。

2. 爬行能有效地对脏器进行按摩。爬行运动有效地对脏器进行了按摩，在爬行运动的过程中，脊椎节一张一弛，挤压脊神经根，相当于把人们的脏器拿在手上进行了按摩，这是任何其他一些运动方式都不可能做得到的。脊椎被称为人体的第二生命线，但是传统的直立运动对椎骨损伤较大。

3. 爬行有助于下肢的血液回流心脏，预防下肢静脉曲张和状痔疮。中青年人在社会生活压力的增大，导致头疼病的发生，通过爬行运动能减轻了心血管系统的压力，爬行时影响了血液流动的方向，减轻脑部血管压力。与人们站立或运动时血液的上下垂直流动相比，爬行时人体血液流动方向几乎与地面平行，也就是全身大部分的血液处于与心脏同一水平位置，从而使动静脉循环更通畅，各器官血液供应更充足。而且在这种状态下，心脏无须消耗大量的能量来满足人体各部分血液供应的需要，因而大大减轻了心血管系统的工作量。同时爬行时心脏位置较站立或坐位时降低，有助于下肢的血液返回心脏，可较好地预防下肢静脉曲张和痔疮的发生。

（四）老年人爬行特征

高血压、冠心病、老年痴呆症是老年人常见的疾病，如何防治老年病，提高老年人的生活质量和健康指数，是当今社会的一个大问题，爬行有助于预防老年人常见疾病。

1. 预防老年人的心血管疾病。人体直立行动时，下肢是主要活动器官，血液会更多地分配到下肢，心脏及其他器官的供血减少，由此老年人会经常发生关节和脑部供血不足。爬行是一种很好的有氧运动，在爬行过程中，心脏与80%的身体血液系统处于同一水平面上，四肢和脑部供血更充分，可改善血液循环系统的功能，减轻血管和心脏的压力，对中老年人的心血管疾病有一定的预防和辅助治疗的作用。

2. 预防老年痴呆症。大脑在人体的最高位置，重力的原因使心脏向上泵血相对困难，易出现因供氧不足而出现头昏、眼花。爬行时大脑或与心脏平行，心脏横向泵血，血氧可顺畅供应大脑。而且下肢血液回流顺畅，也相对增加了对大脑的供血供氧。爬行锻炼后，会感觉神清气爽，有头痛病的患者通过爬行锻炼，得到有效缓解及治愈。由于四肢并用，使相对应的大脑左右半球都能得到均衡的锻炼，并可防老年痴呆症的发生。

3. 改善老年人体质，增进健康。许多中老年人大腹便便，极易引起心脑血管病、糖尿病等，使健康受损，因而缩短寿命。如坚持做爬行腹式深呼吸，既锻炼腹肌，消除堆积在腹部的脂肪，又能防范多种代谢性疾病。很多老人易出现疝气的因素之一，就是因为他们的腹肌长期得不到必要的有效锻炼，因而导致腹壁肌肉的退行性病变，使腹部肌肉逐渐薄弱，当发生长期咳嗽、排尿困难等原因引起腹内压增高时，内脏可通过腹壁肌肉突出体表，形成腹外疝或造成疝气的复发。

三、爬行健身的性别性特征

男人健身的目的往往是为了锻炼身体，增长肌肉，女人健身的目的则一般是为了减肥，让自己能够拥有一个完美的形体，所以，男女锻炼的目的是不一样的，因为女性大都有一个顾虑，就是担心把自己的形体练得像男性的肌肉块头、失去女性的线条美。

（一）男女骨骼及肌肉区别

1. 男女躯干肌肉骨骼的差异。男性的肌肉明显比女性更加厚实和发达，女性的皮肤下面的脂肪层要比男性更厚一些，因此女性身体的骨骼和肌肉都不像男性那么明显。男性的胸大肌和胸小肌比较发达，轮廓清晰，而女性由于乳房的原因，胸部肌肉被乳房覆盖，变得不那么明显。由于胸部及背部肌肉较为发达的原因，男性从侧面看胸廓厚度通常呈倒梯形，较女性而言要厚得多。

2. 男女肩部与手臂骨骼肌肉的差异。男性的肩部更宽更平直，相对于男性而言，女性的肩部低垂，这一点在亚洲女性身上尤其明显，欧洲女性相对于亚洲女性而言，肩部相对更宽，胸廓也较为宽大。男性手臂的脂肪较女性要少，肌肉较发达且轮廓清晰。

3. 男女腰部和大腿骨骼肌肉的差异。男性的骨盆较女性而言更高更狭窄，髂前上棘之间的距离更小，女性的骨盆较宽且浅，在体表，覆盖在腹部，臀部及大腿肌肉上脂肪的厚度及其柔和的曲线决定了女性骨盆的外形。

（二）男女爬行健身的差异

其实男女在爬行这项运动的训练原则是大致相通，但对于女性来说，因为身体形态与生活习惯的不同，让女孩们必须在营养和肌力训练上多加留意，也因为男女体型和普遍肌力的差异，女性在爬行技巧上也有和男性不甚相同、可以调整精进的地方；只要掌握吃对、练对的二个训练方针，

（二）骨骼肌细胞的生物电现象

“生物电”是指生物的器官、组织和细胞在生命活动过程中发生的电位和极性变化。它是生命活动过程中的一类物理、化学变化，是正常生理活动的表现，也是生物活组织的一个基本特征。通常，一定的生理过程，对应着一定的电反应。因此，依据生物电的变化可以推知生理过程是否处于正常状态，如心电图、脑电图、肌电图等生物电信息的检测等。反之，当把一定强度、频率的电信号输到特定的组织部位，则又可以影响其生理状态，如用“心脏起搏器”可使一时失控的心脏恢复其正常节律活动。[1]

肌细胞内外膜上都存在离子，当细胞处于安静状态，细胞膜内外所存在的电位差称为静息电位。当肌细胞兴奋时，细胞内产生的可扩布的电位变化，称为动作电位。

1. 动作电位的产生原理：由于钠离子在细胞外的浓度比细胞内高得多，它有由细胞外向细胞内扩散的趋势。而离子进出细胞是由细胞膜上的离子通道来控制的。在安静时膜上钠离子通道关闭。当作用细胞膜上的刺激达到一定强度时（阈刺激），膜上的钠离子通道被激活而开放，钠离子顺浓度梯度瞬间大量内流，细胞内正电荷增加，导致电位急剧上升，负电位从静息电位水平减小到消失，进而出现膜内为正膜外为负的电位变化。当膜内正电位所形成的电场力增大到足以对抗钠离子内流时，膜电位达到一个新的平衡点，即钠离子平衡电位。与此同时，钠离子通道逐渐失活而关闭，钾离子通道逐渐被激活而重新开放，导致钠离子内流停止，产生钾离子快速外流，细胞内电位迅速下降，恢复到兴奋前的负电位状态。

2. 动作电位的传导：动作电位一旦在细胞膜上的某一点产生，就会沿着细胞膜向各个方向传播，直到整个细胞膜都产生动作电位为止。这种在单一细胞上动作电位的传播叫作传导。在神经纤维上动作电位是双向的。

（三）骨骼肌的兴奋性

骨骼肌是可兴奋组织，当肌细胞受到刺激产生兴奋，这种特性称为兴奋性。

1. 刺激强度。要使肌肉产生兴奋，刺激必须达到一定强度。引起肌肉兴奋的最小刺激强度称为阈刺激。

2. 刺激作用的时间。无论刺激强度多大，要使可兴奋组织兴奋，刺激必须持续足够时间。在一定范围内，刺激强度越小，需要刺激的作用时间就越长。相反，刺激强度越大，需要刺激的作用时间就越短。

3. 刺激强度变化率。要使可兴奋组织兴奋，刺激必须有足够的变化率。如果用恒定的电流刺激组织，只有通电和断电的瞬间可以引起组织兴奋。而在继续通电的过程中，由于电流强度没有发生变化，组织不产生兴奋。刺激强度变化率是指刺激电流由无到有或由小到大的变化速率。同样电流强度，变化速率越大越容易引起组织兴奋，而与刺激电流的强度关系并不大。

（四）骨骼肌的收缩性

肌肉受到刺激产生兴奋后，立即产生收缩反应，这种特性称为收缩性。肌肉的缩短是由于肌丝间滑行造成的，肌细胞是由粗细两种肌丝相间排列，当运动神经上的动作电位到达神经末梢时，通过神经——肌肉接头处的兴奋传递，使肌细胞膜产生兴奋。之后，粗细肌丝会相向移动，使肌细胞的长度缩短，直至完成肌肉收缩过程。

1. 肌肉收缩的绝对力量与相对力量。某块肌肉做最大收缩时产生的张力为该肌肉的绝对力量。肌肉的绝对力量和肌肉的横断面大小有关，肌肉横断面越大肌肉的绝对力量就越大。而肌肉断截面的大小又和肌纤维的数量和每条肌纤维的粗细有关。相对力量是指肌肉单位横断面积所具有的肌力。

2. 肌肉力量与运动

（1）肌肉力量与速度。肌肉收缩的快慢和所克服的外部阻力的大小相关。当负荷较小时，肌肉收缩速度加快；当负荷较大时，肌肉收缩速度减慢。小负荷训练可以使肌肉的收缩速度得到提高。用大负荷进行训练，虽然可使肌肉力量得到较好的发展，但无助于收缩速度的提高。如果要达到最大的输出功率，得到最佳的训练效果，就必须采用最适合的负荷和速度。通常，肌肉力量增加可以提高运动速度，力量越大的人动作速度越快。

（2）肌肉力量与爆发力。人体运动时的输出功率，实际上就是生理学中所说的爆发力，是指人体单位时间内所做的功。在机体中，爆发力的产生还与神经中枢的骨骼肌总体控制有关，如运动单位的募集，主动肌、拮抗肌、固定肌之间的协调配合等。

（五）肌纤维的类型与运动能力

1. 肌纤维类型的划分

（1）根据收缩速度划分：快肌纤维、慢肌纤维。

（2）根据肌肉色泽划分：白肌（快缩白）、红肌（快缩红、慢缩红）。

（3）根据收缩速度及代谢特征划分：快缩——糖酵解型、快缩——氧化——糖酵解型、慢缩——氧化型。

2. 不同类型肌纤维与运动能力

（1）不同肌纤维的形态特征。不同的肌纤维其形态学特征不同，快肌纤维的直径比慢肌纤维大，含有较多收缩蛋白，肌浆网发达；慢肌纤维周围的毛细血管网比快肌纤维丰富，含有较多肌红蛋白，而且含有较多体积较大的线粒体。在神经支配上，慢肌纤维由较小的运动神经元支配，运动神经纤维较细，传导速度较慢；快肌纤维由较大的运动神经元支配，运动神经纤维较粗，传导速度较快。

（2）不同肌纤维生理学特征与运动能力。

①肌纤维类型与收缩速度。快肌纤维收缩速度快，慢肌纤维收缩速度慢。一般不存在单纯的快肌与慢肌。

②肌纤维类型与肌肉力量。快肌纤维百分比较高的肌肉收缩速度和力量均大于慢肌纤维百分比较高的肌肉。

③肌纤维类型与疲劳。快肌纤维产生收缩时的力量大，但容易疲劳。慢肌纤维抵抗疲劳能力强得多。

慢肌纤维中的线粒体体积大而且数目多，线粒体中有氧代谢酶活性较连接而成。脊柱是身体的支柱，位于背部正中，上端接颅骨，下端达尾骨尖。（如图2-2-1：脊柱前面；脊柱后面；脊柱侧面）[59]

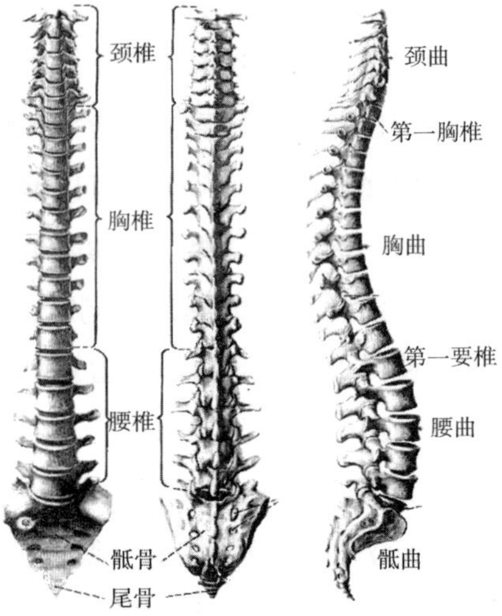

图2-2-1　脊柱前面；脊柱后面；脊柱侧面

众多的脊椎骨，由周围坚强的韧带相联结，能维持相当稳定，又因彼此之间有椎骨间关节相连，具有一定限度的活动，每个椎骨的活动范围虽然很少，但如全部一起活动，范围就增加很多。

脊柱的前面由椎体堆积而成，其前与胸腹内脏邻近，非但保护脏器本身，同时可保护至脏器的神经、血管，其间仅隔有一层较薄的疏松组织。

（二）脊柱的解剖特征

1. 椎骨：椎骨由椎体、椎弓、上下关节突、棘突、横突构成。椎体是椭圆形短扁骨，一圈致密的骨皮质包围海绵状的髓质（松质骨），上下骨皮质中有较厚的软骨板衬垫，边缘由较厚的环形衬板构成。椎体前缘最薄弱，易于发生压缩性骨折，故压缩性骨折多发生于椎体前部。但是椎体前部的骨折一般不涉及椎管，也不明显影响承重，所以比较安全和稳定。一般，椎体中部和后部的骨折则多涉及椎管，导致脊髓损伤或脊柱不稳，临床上的危险性较大。椎弓断裂可导致椎体前移，形成椎体滑脱。横突和一定能巾帼不让须眉，更有自信的自己。总体归纳，主要有以下差异：

1. 爬行力量：一般来说，女性相对于男性上半身的肌力较弱，包括手臂与核心肌力。所以长时间练下来挺拔良好的姿态不容易维持，身体左摇右晃，要注意让上下半身协调运作，而不只靠双腿或双臂的蛮力爬行。

2. 爬行频率：迈大距离比较费力，提高频率更容易，女性体型较为娇小，若是跨大步伐来跑肯定吃亏，一般来说，身体比较高大的男生，跨一步抵三步，比女性来说要容易得多。所谓的频率，就是转换步伐的频率，一般用步数/分钟来表示。

3. 爬行幅度：第一是前后抬臂的幅度：让抬臂和抬腿一样维持这样的范围，速度慢时小一些，速度快时大一些；第二是中心线：爬行时躯干其实会扭转，扭动越多，手臂也会跟着扭动而浪费力气，避免身体过度扭转的关键除了稳定的核心肌力，就是适当的左右摆幅，抬臂时记得维持前后平行。

第二章

爬行与运动器官

第一节　爬行与骨骼肌

一、骨骼肌的生理特征

（一）骨骼肌肌纤维的结构

肌纤维（图2－1－1）[59]又称肌细胞，是肌肉的基本结构和功能单位。每条肌纤维外面包的一层薄的结缔组织膜称机内膜；许多肌纤维排列成肌束，表面包绕肌束膜；许多肌束聚集在一起构成一块肌肉，外面包以肌外膜。

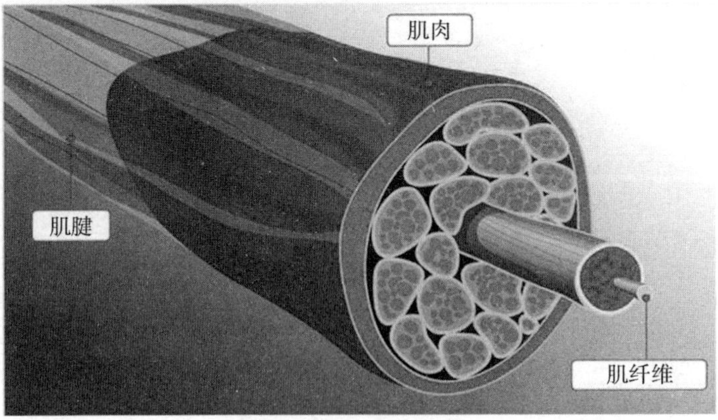

图2－1－1 肌纤维

棘突作为脊柱肌肉的附着点，是脊柱动态稳定性的基础之一。

2. 椎间盘：内部为髓核，外部为纤维环。髓核为半液态，由富含亲水性的葡萄糖胺酸聚糖的胶状凝胶所组成。除了下段腰椎间盘的髓核位置偏后外，髓核均位于椎间盘的正中。纤维环由多层致密的结缔组织彼此斜行交织而成，自边缘向心分布，致密的纤维环开始是垂直的，越接近中心越倾斜，到中心接触髓核时，几乎近水平走向，并围绕髓核呈椭圆形。椎间盘受压时，髓核承受75%的压力，其余25%的压力分布到纤维环。髓核还具有稳定脊柱运动的功能，在伸展运动时，上方椎体向后移位，缩减了椎间隙后缘，髓核受挤向前方偏移，前屈运动时正好相反，从而使椎体获得较强的自稳性。

因此，缓慢的后伸动作有利于部分患者的椎间盘暂时回纳，这是麦肯基疗法的基本机理之一。但是如果从前屈位快速进行后伸动作（弯腰位突然直腰），可导致前屈位时移向后方的髓核来不及回纳，就会承受过大的后伸挤压力，而导致纤维环破裂和椎间盘突出。椎间盘的总厚度约为脊柱全长的25%。白天站立和行走时的压力使髓核丧失少量水分，而在睡觉或休息时由于髓核所受压力减小，水分又得到重储存，故早晚身高有2厘米的差异。20岁以后髓核对水分的重储存能力减退。由于提重物和年龄增长产生的微损伤使纤维环纤维成分增加，而能复原的弹性成分相对减少，因此30~50岁的成年人的纤维环易遭受损伤，随后髓核脱出而压迫神经根。

3. 椎小关节：椎小关节由相邻椎体的上、下关节突构成，与椎间盘的载荷分配随脊柱位置而异，一般承受不超过30%的脊柱载荷。脊柱过伸位时小关节突承载负荷显著增加。由于小关节的结构无法承受较大的负荷。如，小关节承受较大负荷可导致腰痛。肥胖者或者怀孕者腰椎前凸，导致腰部负荷向椎小关节转移，从而造成腰痛。老年人常见的肥大性脊椎炎、椎小关节突出是最常见的受累部分，脊柱后伸时可导致小关节承载显著增加，从而诱发疼痛。

4. 脊柱韧带：有前纵韧带、后纵韧带、棘间韧带、棘上韧带和黄韧带。韧带主要用于维持脊柱的静态稳定性。大多数脊柱韧带由延伸度较小的胶原纤维构成，黄韧带含有较高比例的弹力纤维。韧带还作用于拉伸载荷在椎体间的传递，使脊柱在生理范围内以最小的阻力进行平稳运动。肌肉瘫痪时韧带负荷增加，可导致韧带损伤。脊柱韧带损伤后身体不得不使用肌肉来保持静态稳定，从而容易导致肌肉疲劳和损伤。中老年人的黄韧带容易发生肥厚改变，是造成椎管狭窄的重要原因之一。韧带损伤及其炎性物质释放是腰痛的常见原因。

（三）脊柱的外形

1. 从前面看：椎体自上而下渐加宽，第 2 骶椎最宽，与椎体的负重有关。自骶骨耳状面以下，重力传至下肢骨，体积渐缩小。

2. 从后面看：椎骨棘突连贯成纵嵴，位于背部正中线。颈椎棘突短而分叉，近水平位。胸椎棘突细长，斜后下方。呈叠瓦状排列；腰椎棘突呈板状水平向后。

3. 从侧面看：可见颈、胸、腰、骶四个生理性弯曲，颈和腰曲凸向前，胸和骶曲凸向后。

在正常情况下，脊柱有 4 个弯曲，从侧面看呈 S 形，即颈椎前凸、胸椎后凸、腰椎前凸和骶椎后凸。长期姿势不正和某些疾病（如胸椎结核、类湿性脊柱炎等）可使脊柱形成异常弯曲，如驼背。

（四）脊柱的功能

1. 脊柱的负重、减震、保护功能。人体直立时，重心在上部通过齿突，至骨盆则位于第 2 骶椎前左方约 7 厘米处，相当于髋关节额状轴平面的后方，膝、踝关节的前方。脊柱上端承托头颅，胸部与肋骨结成胸廓。上肢借助肱骨、锁骨和胸骨以及肌肉与脊柱相连，下肢借骨盆与脊柱相连。上下肢的各种活动，均通过脊柱调节，保持身体平衡。脊柱的四个生理弯曲，使脊柱如同一个弹簧，能增加缓冲震荡的能力，加强姿势的稳定性，椎间盘也可吸收震荡，在剧烈运动或跳跃时，可防止颅骨、大脑受损伤，脊柱与肋、胸骨和髋骨分别组成胸廓和骨盆，对保护胸腔和盆腔脏器起到重要作用。

间肌为主的呼吸称为胸式呼吸，以膈肌活动为主的呼吸运动称为腹式呼吸。爬行运动时主要以腹式呼吸为主，它在运动过程用力吸气时，主要的呼吸肌——膈肌和肋间外肌加强收缩，伴随着辅助吸气肌也参加收缩，使胸廓进一步扩大；呼气时，呼吸肌——肋间内肌和腹壁肌舒张，肋骨充分下降，牵动胸骨向下，使胸廓进一步缩小。爬行运动的呼吸形式使人体胸廓活动范围扩大。久而久之，能达到骨性胸廓发达，增加肺的排气量的作用。爬行腹式呼吸时，膈肌上下活动范围加大，使胸腔容积得到最大范围的扩展和回缩，同时腹腔脏器也得到充分的运动。

（二）爬行可使肺泡的弹性和通透性加大

肺泡是气体交换的主要场所。肺泡的弹性与通透性会影响肺的换气效率。爬行的腹式深呼吸是健肺的好方法。它不仅弥补了胸式呼吸的缺陷，而且可使中下肺叶的肺泡在换气中得到锻炼，从而延缓肺泡老化，保持良好弹性，防止肺的纤维化。爬行中的腹式深呼吸运动，可使机体获得充足的氧，也能满足大脑对氧的需求，使人精力充沛。研究认为，正常情况下胸式呼吸 1 次约 5 秒钟，吸入约 500 毫升空气；而平静状态时做腹式呼吸，1 次约为 10 ~ 15 秒钟，吸入 1000 ~ 1500 毫升空气。运用腹式呼吸，加大呼吸深度，可达到增加膈肌及腹部肌肉的活动以及调节肋间肌的呼吸功能，使肺与胸廓之间的牵张力加大，增加肺活量，提高肺泡与毛细血管壁的接触面积，使二氧化碳弥散能力增加。爬行运动可使肺部毛细血管扩张，肺内血流量增多，气血通畅，血液循环加强，有利于全身新陈代谢的进行。从而增强体质，增强心脏功能，并加速腹腔内血液与淋巴循环，促进肺泡与血液之间的气体交换量增加，改善肺组织弹性。

可见，腹式呼吸可最大限度利用肺泡组织，充分进行气体交换，有利于肺组织的健康。进行爬行运动可以达到增加肺的通气量，深呼气和深吸气时的胸围差加大，有利于气体进行交换，组织对氧的利用率也将随之提高，促进肺的良好发展，肺泡的弹性和通透性加大。

（三）爬行可提高呼吸肌的力量

爬行运动的腹式呼吸形式能有效地达到锻炼呼吸肌的作用。呼吸肌包括吸气肌、辅助吸气肌、呼气肌等。由膈肌和肋间外肌等组成的吸气肌，由胸部肌群、斜方肌、背阔肌等肌肉组成的辅助吸气肌，由肋间内肌和腹壁肌组成的呼气肌，是爬行时呼吸肌肉的重要组成部分，经爬行中对这部分辅助肌肉的收缩运动，就能使他们得到充分锻炼。如爬行时，吸气肌——膈肌和肋间外肌做剧烈地收缩运动，呼气时的肋间内肌和腹壁肌做剧烈地舒张运动，这一收缩一舒张间，就能不断发展呼吸肌的力量。故，爬行运动能增强呼吸肌力量，增加胸廓活动范围及肺活量，改善肺通气及换气机能。

（四）爬行可增加肺活量，提高呼吸效率

胸式呼吸时的肺活量小，肺组织利用率低。即，肺的中下部分的肺泡组织活动度小，长期处在停滞状态，这不仅使人的氧气吸入量减少，还使这部分肺组织因长期少用而易退化、纤维化以及成为细菌生长创造条件。所以，有些老人平时身体尚健，也无呼吸疾病，一旦因不慎受寒而引起肺炎后，往往几天之内就可能会因呼吸衰竭而逝去。

爬行运动的腹式呼吸法，则恰好弥补一般运动中胸式呼吸的不足。如，爬行运动不仅使呼吸肌得到锻炼，肺的容量增大，而且会促使胸围增大和呼吸差加大。通常，普通人的呼吸差约在 5 ~ 8 厘米，但经常参与运动锻炼者的呼吸差可增至约 9 ~ 16 厘米。除此之外，经常参与运动锻炼者还可促使肺通气功能的若干指标得到极大提高。像一般健康成年男性肺活量为 3500 ~ 4500 毫升，若经常参加运动锻炼者的肺活量可达到 4500 ~ 5500 毫升，而训练有素的运动员则可达到 7000 毫升。然而，据爬行实验表明，若经常参与爬行锻炼，爬行者比常参与运动锻炼者的肺活量提高更大。

（五）爬行可改善呼吸方式而使寿命延长

舒缓的爬行过程中，需要保持有节奏的腹式呼吸。它能有效地改善肺腑功能，增强肺活量，提高肺部功能，延缓呼吸系统的衰老。腹式呼吸可以最大限度地利用肺组织，充分进行气体交换，使肺组织得到健康的锻炼，改善呼吸循环功能；可使呼吸阻力减低，潮气量增大，气体分布均

匀，有效通气量增加，通气与血流比例改善，从而减轻患者慢性缺氧状况。实践证明，所有的爬行动物，都是使用全肺的腹式呼吸。所以，他们都能活到发育期的7倍。只有人类使用胸式呼吸，而只活到自然寿命的一半。如果人类全部采用腹式呼吸，加之适度的运动和生病时及时治疗，那么人类都有可能活到100岁并有望享寿150岁。我国古代医家早就认识到腹式呼吸有祛病延年的奇功，并创造了“吐纳”、“龟息”、“气沉丹田”、“胎息”等健身方法。唐代名医孙思邈对腹式呼吸尤为推崇，而华佗发明“五禽戏”说明人类模仿动物的运动对人体的健康有多么的重要。[6]

（六）爬行可防治呼吸系统疾病

爬行运动对呼吸功能具有良好的影响。其主要原因是其突破了自然呼吸的界限，使得呼吸成为一种有意识的运动。运用腹式呼吸方法，深长的呼吸和腹肌、膈肌活动，既能增加通气功能，又能通过腹压的有节奏的改变，使血流加速，增进肺泡的换气功能。身体检查证明，经常进行爬行锻炼，对保持肺组织的弹性、胸廓活动度、肺的通气功能及氧与二氧化碳的代谢功能都有很好的作用。经常进行爬行运动，可使呼吸频率减少，增强呼吸效果，对肺炎、肺结核等各种慢性肺部疾病均有很好的医疗保健作用。[7]

第三节 爬行与消化系统

一、消化系统的生理特征

消化系统的主要生理功能是摄取、转运和消化食物，吸收营养和排泄废物，是维持机体生存的重要器官系统之一。消化系统是由消化管和消化腺两部分组成。其中消化管包括口腔、咽、食管、胃、小肠和大肠，消化腺包括口腔腺、肝脏、胰腺和消化管壁内的小腺体等。食物在消化管内进行分解，变成可吸收成分的过程，称为消化。消化包括化学性消化和物理性消化两个过程。食物的可吸收成分透过消化管壁进入血液循环的过程，称为吸收。

（一）消化生理特征

1. 口腔内消化。口腔内消化是以物理性消化为主。食物在口腔内经咀嚼肌的运动，被牙齿撕裂和研碎，并与唾液充分混合，形成食团，便于吞咽；食团进入食管，经贲门入胃。从吞咽到食团入胃，需时6~7秒钟。

2. 胃内消化。胃壁肌肉收缩，使胃产生蠕动，使进入胃的食物继续被磨碎，与胃液充分混匀，使食物进一步消化，经胃蠕动推送食糜进入小肠。食物入口后对口腔、咽和胃等部位的味觉和机械刺激，能够反射性地引起胃液的大量分泌，分泌蛋白酶和盐酸。食物本身分泌一种化学物质（促胃液素）或经消化后进入血液的化学成分，被血液吸收后再经过血液循环，作用于胃腺使之分泌，引起胃腺兴奋。不同的食物在胃内停留的时间不一样。水只停留2~3分钟；糖类食物停留约2~4小时；混合性食物在，胃中一般停留4~5小时；蛋白质和脂肪性食物停留时间较长。

3. 小肠内消化。食物在小肠平滑肌的蠕动、分节运动、摆动的运动中，同时在小肠液的分泌物、胰液的分泌物、脂汁的分泌物中，进一步进行消化，完成消化的基本工作。胆汁由肝脏分泌，肝脏是人体的最大腺体，在食物的消化吸收过程中起重要作用。肝脏生成胆汁，保证脂肪吸收，脂肪和胆固醇暂时贮存的地方在肝脏，脂肪酸的氧化也在肝内进行。肝脏具有维持血糖稳定和解毒的功能，对人体贡献极大。

4. 大肠内消化。小肠内容物进入大肠，在大肠的小幅度蠕动，摆动、分节运动，进行最后的消化工作。食物在大肠内，不进行重要的消化。大肠的主要机能是吸收水分，并为吸收后的残余物质做暂时的贮存。

（二）吸收生理特征

1. 小肠的吸收。小肠是消化管吸收消化产物的主要部位，是吸收食物的主要场所。由于小肠内具有广大的吸收面积，小肠长达5~6米，其黏膜具有环状皱劈，小肠绒毛内部有平滑肌纤维、神经丛、毛细血管和毛细淋巴管等结构。而毛细血管和毛细淋巴管都是输送营养物质的途径。因此，食物在小肠内停留的时间较长，是食物吸收的主要场所。[7]

2. 口腔与食管。口腔和食管不具有吸收功能；

3. 胃的吸收。胃只能吸收酒精和少量的水分，具有较弱的吸收功能。

4. 大肠的吸收。大肠只吸收水类和盐分。

二、爬行对消化系统的健身作用

（一）爬行可增加食欲

爬行运动中腹肌活动增强，促进了胃肠的蠕动，使人的食欲增加。研究发现，在爬行运动的过程中，人的胃肠道的血液循环和供应也得到了改善和加强，胃肠道的各种消化液分泌增加，促进了食物的消化和机体对营养物质的吸收。同时，爬行是一种手脚并用的运动，也是动员全身肌肉和机能的运动方式。爬行过程中的四肢肌肉承受一定运动负荷，物质代谢和能量代谢速度增加，机体消耗的能量增加，促进机体从外界补充能量、吸收能源物质，从而达到增食欲的作用。

（二）爬行可增加腹肌动力，排便通畅。

腹式呼吸能刺激人体所有的内脏器官，增加内脏的血液供给，从而达到减少内脏器官的疾病。腹内汇聚着胃、脾、肝、胆、大肠、小肠等主要消化器官。采用腹式呼吸时，随着腹肌的起伏运动，胃肠的活动能量就会增大，消化功能也将得到加强，从而使人体对养分的吸收更加充分。腹肌又是排便的动力肌，因而爬行过程中有规律的腹式呼吸锻炼，有利于防止习惯性便秘，对糟粕的排斥更加彻底。爬行运动还能促进胃肠道的蠕动，利于消化，加快粪便的排出，预防老年人习惯性便秘等病。

（三）爬行可爬行运动促进肠胃吸收与消化

爬行运动增加呼吸的深度与频率，促使膈肌上下移动和腹肌较大幅度地活动，从而不仅对胃肠道起到较好的按摩作用，改善胃肠道的血液循环，加强胃肠道黏膜的防御机制，尤其对于促进消化性溃疡的愈合有积极的作用。运动改善了腹腔内脏活动的调节机能，增加了胃肠蠕动及其血液循环，使腹胀、肠鼓、便秘、下肢静脉曲张、痔疮、嗜睡等并发症减少。爬行运动还能够加强胃肠的消化和吸收，对消化系统的功能有很好的作用。

第四章

爬行器械简介

爬行器，又称爬行机，它是用来辅助人体做爬行运动的一种器械，起源于新西兰，由上海菲特克洛实业有限公司研发生产，开创了全球首个水平式健身、康复、运动器械。

爬行器是现今健身房和家庭里面极受欢迎的健身器材，它可以让健身者在爬行运动中得到他想得到的效果，且可跟随着不同节奏的音乐，配合不同的运动方式有节奏的循序渐进地进行有氧运动，使健身者的心肺功能得到改善；使全身各部位肌肉得到充分有效的锻炼；使身体的弹性、柔韧、力量、反应速度等得到提高；使脊椎得到矫正；使健身者精力更加旺盛，心情舒畅。

在物质高速发展，人类社会急速进步，而人类基本体质却逐年下降的今天，人们对于健身和运动的需求愈加明显。现今健身器械已逐渐不再能满足人们的健身需求，且仅仅停留在健身层面的运动，对人们身体调节或者康复的需求已经无法满足。爬行器作为水平运动的特殊形式，为健身器械的丰富和人们身体康复调节开启了新的篇章。本设备主要包括爬行轨道和滑座，依靠上肢和下肢在器械上配合，实现多种爬行的锻炼形式。该设备具有广泛的实用性和适用性。即，可用于多种人群，也可应用多种场合，无论是家庭、健身会所还是医院的康复治疗等都可适用。

第一节 爬行器的基本结构

一、爬行器分类

(一) 简易爬行器 (图 4－1－1)[60]

简易爬行器主要以家庭使用为主。它具有小巧精致，便于携带安装，而且占用空间小功能强大等特点。而且，同样可以进行各种各样的水平运动。它把有氧运动和器械完美地结合在了一起，在整个运动过程中可以让健身者全身受益，特别是对臀大肌、股四头肌、背部肌群，脊椎，颈部、肩部、腰部、臂和腿等效果尤其明显。只需进行少量锻炼便可以起到很好的效果，无须占用太多时间，每天锻炼十分钟足可以让全身各个关节保持健康活力。另外爬行器在设计时秉承了人体工学结构进行设计，可以与人体结构完美契合，让健身者用着舒服，且见效其速。此类爬行器有多种健身方式可以选择，不同的运动方式对身体各部位训练不同，针对大腿，小腿，腰部，脊椎都有不同的水平运动方式，并且各种形式简单易学无须任何经验，在器械安装上只需依照说明书一一安装即可，简单便捷，器材由高档铝合金材质制作而成，具有极高的安全性和稳固性，经久耐用，真正实现了质优价廉。

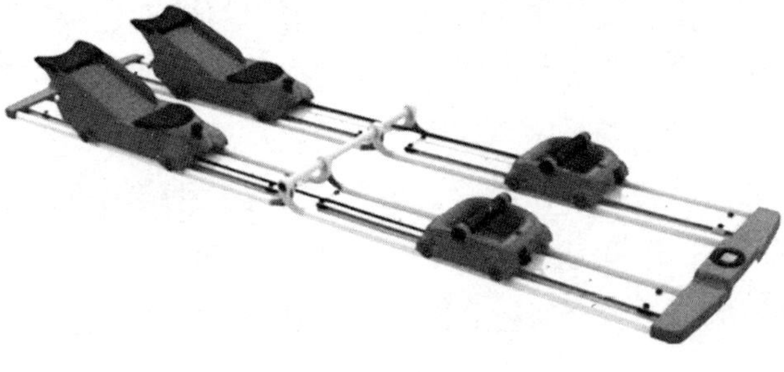

简易爬行器 (图 4－1－1)

（二）智能爬行器（图 4 – 1 – 2）[60]

智能爬行器主要以俱乐部使用为主。在产品设计上与简易爬行器没有两样，但在电子显示器和舒适度上更进了一个层次，对健身者健身体验上更为人性化。让力量器械和有氧器械完美地结合在了一起，豪华的外观设计更是提高了健身者的生活品质，符合人体工学结构的设计，能让健身者在运动的同时完好的保护好自己。集多功能于一体的器械让健身者享受到任何一款器械无法超越的效果，显示器可以让锻炼者随时观察训练过程中的能量消耗、心率变化等参数显示。它补充简易爬行器在人体运动量以及能量消耗；在电子显示器上面的功能，又在电子显示器中安装了感应芯片，实现了器械和人体密切连接。健身者可以更明确的进行各种爬行运动，根据自身情况设计运动处方，健身效果在显示器上更加直观。高档的滑坐垫让使用者在四肢朝下的俯卧状态下进行爬行运动，减少和消除了重力对人体的副作用。

智能爬行器（图 4 – 1 – 2）

二、爬行器基本结构

爬行器虽有简易和智能之分，但在基本结构上大致相同，专业爬行器更趋向于豪华型，用材方面更加精细昂贵，并且带有智能显示仪。如：

（一）简易爬行器主要组件

简易爬行器主要包括轨道组合两道，球头插销一个，前滑座组、后滑座组各两个，电子表一个，把手在前滑座组共两个，弹力绳在后滑座组共两根，轨道两端挡板共两块，整个运动在轨道上爬行，联合结成为稳固的整体。

（二）智能爬行器的显示器

电子显示器，与爬行器相连接，主要根据个人实际运动情况记录，进行高度精密计算显示。电子屏所显示内容包括：每分钟运动次数，电子扫描设备，开关按键，计次按键，计时按键，卡路里消耗按键等。通过时间，次数和电子感应扫描计算出人体运动时消耗的卡路里热量，为运动者提供运动效果监测。

（三）爬行器组件与功能

不同类别的爬行器，其组件基本相同。不同爬行器类别上的主要组件及功能包括：

1. 爬行器轨道：由铝合金材料制作而成，主要用于爬行时滑轮前后滑动，像火车轨道的设置使滑行成了一种现实。

2. 前后滑座组：前滑座组用来放手，以双手抓握，后滑座组用来放脚或膝盖，以前脚掌踩上或者膝盖跪上。

3. 球头插销：主要用于爬行器折叠和防止前后滑座组超出中点范围。

4. 弹力绳：主要用于固定前后滑座，增大滑行阻力

5. 电子显示器：主要用于记录运动时间，滑行次数，消耗能量，每分钟运动次数。

第二节　爬行器的工作特性和健身机理

一、爬行器工作特性

（一）健身和减腹特性

爬行器主要是为健身者提供了水平运动的设备。健身者通过爬行器来完成不同形式的水平运动或者其他垂直、拉伸等运动，以体验增肌、塑

形、拉伸韧带、增长绝对力量和有氧运动能力等。因为爬行的运动方式基本没有直立动作，这与普通运动相比，可以减少脊椎承受的压力，减少运动对椎间盘等带来的副作用，提高运动能力，对于提高锻炼者的心肺功能，肌肉耐力有重要的作用。另外，水平运动中对于腰腹肌的作用是任何一项健身器械无法超越的。爬行运动效仿动物界的行走方式，为人类返璞归真提供了设备基础。长期对腰腹功能的利用，可以提高腰腹力量和耐力，且在减肥功效上对有啤酒肚的人效果更为显著。如，健身者在使用爬行器做水平运动后会大量消耗能量，且大量的出汗；同时还增强健身者四肢力量和腰腹柔韧性和减轻脊椎的负担，除了瘦身塑形还可以提高健身者的有氧运动能力，实践证明，有效进行 30 分钟的爬行运动，可以消耗 1000 卡左右的热量。

（二）运动多变和阻力随调特性

爬行器在设计时就严格贯穿必须满足使用的安全性、结构简单合理、外观美观优雅、一体化设计等的理念。所以，根据仿生学原理和人们的爬行习惯，爬行器主要利用一条完整轨道和四个滑座进行爬行运动。分别以上肢和下肢接触滑座，进行种类不一的水平运动，这样的器械打破了爬行运动对周围环境的限制，只需要一个器械无须顾虑户外运动时旁人差异的眼光，健身者可以选择在家里任何一个合适的地方进行运动，占地面积小，使用便捷等就是此种器械的一大亮点。为提高爬行器的安全性和适用性，前、后滑座组固定在爬行轨道上，健身者运动时身体重心的降低大大提高了运动的安全性能。爬行器的前后滑座组满足了不同运动者不同的运动方式，其中下肢接触的后滑座组可以放置膝盖和脚，上肢接触的前滑座组通过弹力绳固定在规定顶端，以实现对人体爬行时力度的最佳调整。用于固定爬行器的轨道和插销之间采用液压推杆元件，通过底架上的折叠机构，可以使爬行器在不用时，方便折叠，节省空间。固定前后滑座的弹力绳通过爬行时对弹力绳的拉伸增大和减小四肢推拉滑座的阻力。

（三）爬行器的科学特性

随着人类社会的快速发展，生活节奏变得越来越快，人们对于健康的认识也逐步加深。在日常健身运动时，更加注重健身或康复的效果。在家庭、办公场所、健身娱乐会所等地方，人们对于能够全面缓解压力，达到健身、宽心、减少职业性脊椎病的爬行器需求会不断提高。基于人机工程的新型水平运动器械——爬行器，主要特性如下

1. 科学性。爬行器的设计经过了医学、生理学、仿生学和机械设计理论与实践的充分论证，无论是在健身功效、康复医疗还是最终效果上都有科学的依据。爬行对于人体的好处是众所周知的，爬行器就是在此基础上设计制作，结合人体工程学制作原理又具有一定的新颖性。

2. 结构简单。爬行器主要利用四肢接触滑座在轨道上运行，可以满足各种各样的爬行运动。例如：上肢下肢同步收缩运动，左上肢和右上肢交替前后运动，右上肢和左下肢同步运动；上肢不动，下肢做运动；上肢同步运动，下肢同步运动等。通过灵活的转换和联动，使前后滑座可以按照个体需求进行不同肢体的运动和实现不同的运动方式，在结构简单的基础上满足了多方式的爬行运动。

3. 适用性广。爬行器采用了高度集成的一体化设计，采用弹力绳调整设置和主被动运行模式，扩大和强化了爬行器的适用范围。高度集成的一体化设计可使设备适用于多种场合，诸如：家庭、办公场所、医院康复治疗中心和健身会所等。

二、爬行器健身机理

爬行是人类最原始的本能运动方式，人类由猿进化到人即是从爬行到直立行走的演变过程。当人类直立行走后，由于脊柱担负了全身 60% 以上的重量，与脊柱有关的疾病便也随之而来，成了困扰人类的一大难题。生理学家认为，脊柱类疾病，以及冠心病、高血压、关节炎、内脏下垂等疾病于直立行走息息相关。医学家也认为原始形态的爬行可以极大限度地改变这种长久以来直立行走带来的困扰，改善人体健康状况。

（一）利用爬行器运动环境相对稳定和运动多样变化，达到自主健身效果

爬行器运动形式多种多样，健身者可以根据自身的情况选择不同的锻炼方式，以达到最大的锻炼效果。若在智能性爬行器上锻炼，因它具有更为舒适的配置，直观的监测显示仪器，还可以有效地减少由于爬行对手脚的压力和四肢的负担，并且让健身者能够随时调整运动强度负荷以及方式。使用爬行器在户内进行爬行锻炼还会免受户外沙尘天气和雾霾的影响，以及温度过冷或者过热的影响。即，爬行运动健身环境相对稳定，用它锻炼不受户外天气状况的影响，无论刮风还是下雨都可以持续爬行进行锻炼。据研究发现，在爬行器上运动所消耗的体力比在跑步机上跑步消耗的体力要少一半左右，故爬行器上锻炼可以用较少的体力消耗获得最佳的锻炼效果。

（二）利用爬行器运动中的髋高头低，可达到改善脑部血液循环效果

人体在直立运动时，头部位于身体的最高处，极易造成缺血，也不利于血液回流到心脏。故，不少生理学家认为冠心病、高血压、心梗、脑梗等都与直立有关系。但当采用爬行器上的熊爬方式锻炼时，其髋高头低，血液回流心脏或送达头部就会变得更为流畅。而人体直立运动时，心脏在推动脑部供血时必须克服血液的重力影响，与此相比爬行运动中心脏及以上部位空间位置的降低对全身血液的快速循环和心血管疾病的防治意义重大。因此，爬行器上的锻炼除有效改善大脑血液循环，增加供血量，刺激大脑组织和延缓细胞的退化过程，预防衰老和老年痴呆外，还可极大的降低身体中各种疾病的发病概率。

（三）利用爬行器运动中的躯干在水平线上，可达充分用氧的效果

爬行使人在运动中得以返璞归真。在爬行器上进行跪爬锻炼时，头部和心脏处于同一水平位置，内脏器官对呼吸器官的压迫减少，从而可有效促使呼吸肌得到锻炼，改善呼吸器官的功能。即，通过在爬行器上进行的

有氧运动，可有效促使肺内的气体得以充分交换，并提高血液中的含氧量，从而使人体新陈代谢获得有效地增强。

（四）利用爬行器运动中身体重量分散四肢，可达到治防常见直立疾病疗效

爬行运动将身体重量分散于四肢，极大减轻了对躯干各部位所受的重压。对而且，人体在爬行运动过程中，四肢和腰腹的肌肉群是参与最多的，且脊柱和腰腹的运动强度相对较大。故，爬行对治疗或预防腰椎疾病、腰肌劳损、腰椎间盘突出等多种颈肩脊柱疾病有积极作用；对可矫正脊柱歪斜，防治坐骨神经痛、下肢静脉曲张、上臂肌肉萎缩、消化不良等现状也有积极影响；对关节炎等疾患也有较好疗效；对预防内脏器官的下垂更有显著效果。

第五章

常见爬行方式

第一节　地面常见爬行方式

一、爬行地面的特点和宜忌

爬行地面主要分室内和室外的地面。根据地面材质和软硬度不同，常见的可以分为水泥地面、地砖面地面、木板地面、地毯地面、草坪地面等。爬行锻炼者可以根据自己的喜好来选择自己合适的室内外以及不同的地面材质来进行爬行健身。

（一）爬行地面的特点

1. 水泥地面的特点。水泥地面比较硬，且粗糙，摩擦力相对来说比较大，不易打滑。较适宜于进行爬行锻炼。但由于水泥地面的质地硬而粗糙，因而在进行爬行锻炼时需要戴上手套、护膝等护具，以免擦伤。

2. 地板砖地面的特点。地板砖（也称地面砖）是一种地面装饰材料。它用黏土烧制而成，且规格多样。地板砖有质坚、容重小，耐压、耐磨，及防潮的特性。有的地板砖经上釉处理后，还具有装饰作用。一般地砖材质比较光滑，摩擦力小，较易打滑，不适宜爬行。若要在此类场地上爬行，要戴上防滑手套、护膝，并穿上防滑的胶鞋。

3. 木板地面的特点。木板地面相对来说硬度小，受到室内温度的影响比较小，摩擦力在水泥材质和地砖材质之间[8]。且也易于打滑，不适宜爬行。要在地板地面上爬行，需要戴上防滑手套、护膝，穿上防滑胶鞋。

4. 室内地毯的特点。室内的地毯地面比较柔软，摩擦力比较大，一般不易打滑，较适宜爬行。但也因地毯内会存有较多的灰尘，故进行爬行锻炼时需用吸尘器清理毯面，以防尘灰吸入身体。

5. 室外草坪地面的特点。室外的草坪地面柔软，视野开阔。其摩擦力易受天气的影响。即，雨天的草坪摩擦力小，易打滑，不适宜爬行；晴天的草坪摩擦力大，不易打滑，适宜爬行。为防草坪的草刺到手和膝盖的皮肤，最好戴上手套、护膝等防护用具。

（二）地面爬行宜忌

1. 爬行宜在空气流通，有地毯的室内或平坦、有草坪的室外进行。

2. 在硬质的地面上爬行，需佩戴护膝、手套等护具，清理好场地，注意安全。

3. 在地毯上爬行，需吸除毯面的灰尘和异物。

4. 安排运动量要因人而异，逐渐递增。

二、地面爬行的常见方式

（一）跪爬（图 5－1－1）

跪爬（图 5－1－1）

1. 动作要领：以两手和两膝盖着地，手膝交替依次前行的爬行方法。在准备爬行前，需成头抬起，五指分开着地，两臂与肩同宽，两膝着地，与肩同宽的跪撑姿势。在爬行过程中，让身体的重量均匀地交替落在两手和两膝上。爬行的速度缓慢而又均匀。手、膝之间的交替配合需协调，爬行的幅度不宜太大。

2. 主要锻炼肌肉：肩关节和髋关节周边肌群、躯干肌群，以及除小腿外的四肢肌群等。

（二）熊爬（图5－1－2）

熊爬（图5－1－2）

1. 动作要领：以两手和两脚着地，手足交替依次前行的爬行方法。在准备爬行前，需成头抬起，五指分开，两臂与肩同宽，双足前掌着地并与肩宽，两膝微屈[9]。在爬行的过程中，爬行的速度缓慢而又均匀，手足之间交替前行，且协调配合，爬行的幅度不宜太大。

2. 主要锻炼肌肉：肩关节和髋关节周边肌群、躯干肌群，以及四肢肌群等。

（三）匍匐爬行（图5-1-3）

匍匐爬行（图5-1-3）

1. 动作要领：在准备爬行前，两小腿内侧和两臂内侧着地。爬行时，腹部贴于地面，收屈右腿，伸出左手，用右腿内侧的蹬力和左手的扒力使身体前移；在移动的同时，收屈左腿，伸出右手，用左腿内侧的蹬力和右手的扒力使身体继续前移，如此依次交替前进。腿内侧蹬和手扒的动作，左右交替一次。

2. 主要锻炼肌肉：肩关节、髋关节周边肌群、脊柱周边肌群及腹部肌群等。

（四）侧卧爬行（图5-1-4）

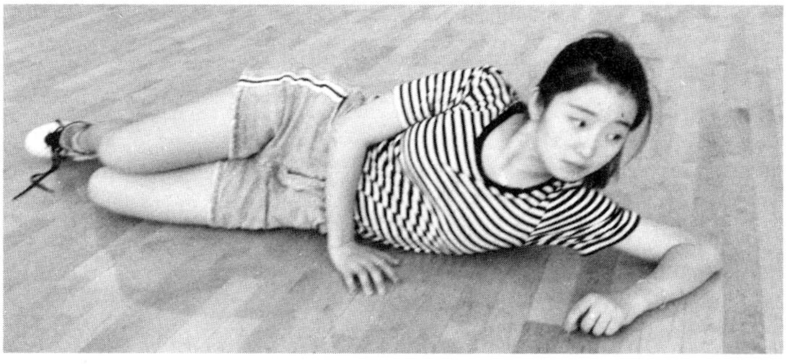

侧卧爬行（图5-1-4）

1. 动作要领：身体左侧及左小臂着地，左大臂向前倾斜支撑上体，左腿弯曲。爬行时，右腿收回，右腿靠近臀部着地，右手撑地做辅助用力，以左臂的扒力和右脚跟的蹬力使身体前移。一侧爬行锻炼后换另一侧，动作要领类同。

2. 主要锻炼肌肉：支撑侧肩关节周边肌群、腹部肌群和腿部肌群等。

第二节　跑步机常见爬行方式

一、跑步机的特点和爬行宜忌

（一）跑步机的特点

跑步机按驱动动力分为机械跑步机和电动跑步机。机械跑步机主要是靠跑步者的脚底与跑步带的摩擦力来带动运行，而电动跑步机是靠电机来带动跑带来运行[10]。由此，在跑步机上进行爬行锻炼主要以下的特点：

1. 机械跑步机的爬行速度由爬行健身者自身控制，爬行环境不受限制。

2. 电动跑步机上爬行速度可以调节到自己合适的速度，一般选择慢速进行爬行，爬行的路程、时间、能量等都可以从显示屏上得知。

3. 爬行健身者还可以根据自身锻炼的水平，来调节跑步机的坡度，来改变爬行的难易程度。

（二）跑步机爬行宜忌

1. 在跑步机上爬行速度宜慢，不宜快。安排运动量要因人而异，逐渐递增。

2. 运动能力差、年龄较大、体力不好的健身者不宜在跑步机上爬行。否则容易出现伤害事故。

3. 初次在跑步机上进行爬行练习者，刚开始的速度应选最慢的速度，以免由于对跑步机的爬行方式生疏而受伤。即便熟悉跑步机爬行也应将跑步机调到适宜的慢的速度，避免手汗在跑步带上容易打滑。

二、跑步机爬行的常见方式

（一）跑步机跪爬（图5－2－1）

跑步机跪爬（图5－2－1）

1. 动作要领：以两手和两膝盖着在跑步机的跑带上，手和膝依次交替前行的方法。在进行爬行时，先将双膝跪在跑步机的跑带上，调整跑步机的速度（宜慢速），而后慢慢地弯腰，将双手放在跑步机的跑带上，进行爬行。

2. 动作要点：在机械跑步机的爬行过程中，依靠跑步机跑带与四肢的摩擦力来进行爬行，爬行速度容易控制，爬行的速度缓慢而又均匀，切忌忽快忽慢。手、膝之间的配合协调，爬行的幅度不宜太大。而在电动跑步机上进行爬行，爬行的速度应调到慢速，随着熟练程度的提高，可以把速度稍微调高到个人相应的适宜速度。

（二）跑步机熊爬（图5－2－2）

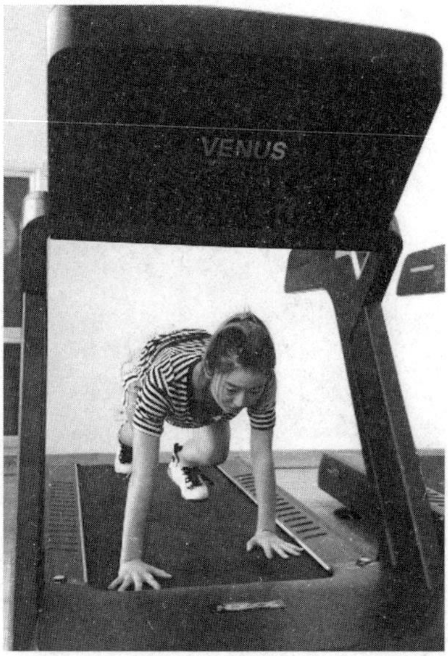

跑步机熊爬（图5－2－2）

1. 动作要领：调整跑步机的速度（宜慢速），而后慢慢弯腰，将双手放在跑步机的跑带上，手、足依次交替前行。爬行过程中，头抬起，五指分开，两臂与肩同宽，双足落在跑步机的跑带上，脚前掌着地，膝微屈。

2. 动作要点：在机械跑步机的爬行过程中，依靠跑步机跑带与四肢的摩擦力来进行爬行，爬行速度容易控制，爬行的速度缓慢而又均匀，切忌忽快忽慢。手足之间的配合要协调，爬行的幅度不宜太大。而在电动跑步机上进行爬行，爬行的速度应调到慢速，随着熟练程度的提高，可以把速度稍微调高到个人相应的适宜速度。

第三节 爬行器常见的爬行方式

一、爬行器锻炼宜忌

(一) 爬行器锻炼的适合人群

1. 需要塑身瘦体的人和需要矫正体形的人。

2. 长期缺乏运动，长期久坐、久站和弯腰作业的人员等。

3. 各种不适合垂直运动的人。如，膝关节和腰椎、颈椎不能承受垂直冲击力的人。

4. 需要加强心肺功能锻炼的人。如，体能训练人群，普通健身人群，矿工、潜水员、高空作业人员等。

5. 需要进行运动康复的特殊人群。如，手术后人群，产妇的恢复等。

(二) 爬行器健身注意事项

1. 每次进行爬行运动之前要花足够时间做好充分的热身活动。如，可以在爬行器上，做不同动作的小负荷低频率练习，身体开始兴奋时再开始锻炼。

2. 上爬行器之前要检查每一个部件是否安全。准备运动前，应注意调节滑座，若需要还应把弹力绳放好，以免在运动时突然停止发生意外事故。

3. 爬行运动时应学会腹式呼吸。在爬行器上锻炼时进行腹式呼吸，可增加氧的供给，利于代谢物的排除，同时也可以增强肺功能。

4. 爬行器上锻炼时，应穿运动服装。如，最好选择弹性好的棉质运动服装和运动鞋。

5. 爬行器上锻炼时，需要手脚的密切配合和腰腹力量的合理运用，以及脊椎的协调。即，练习时，动作要放松协调。

6. 爬行器上锻炼时，可选择各人适合的音乐。如，根据各健身者的不同需要，选择节奏明快或激励的音乐，可提高锻炼的效果。

二、爬行器爬行的常见方式

（一）爬行器跪式爬行（图 5-3-1）[60]

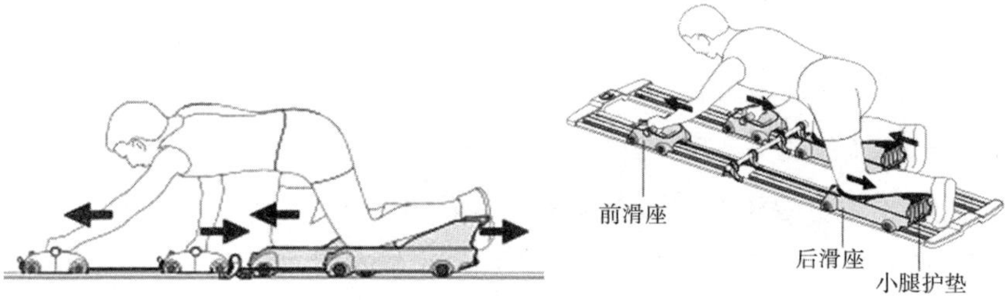

爬行器跪式爬行（图 5-3-1）

1. 动作要领：双膝跪在后滑座的膝垫上，两小腿选择合适的位置放在小腿护垫上，双手握在前滑座的把手上进行爬行器跪式爬行（可选择弹力绳）。运动方向如箭头所示。

2. 主要锻炼肌肉：髋关节、肩关节，以及躯干肌群、除小腿肌群外的四肢肌群等。

（二）爬行器熊式爬行（图 5-3-2）[60]

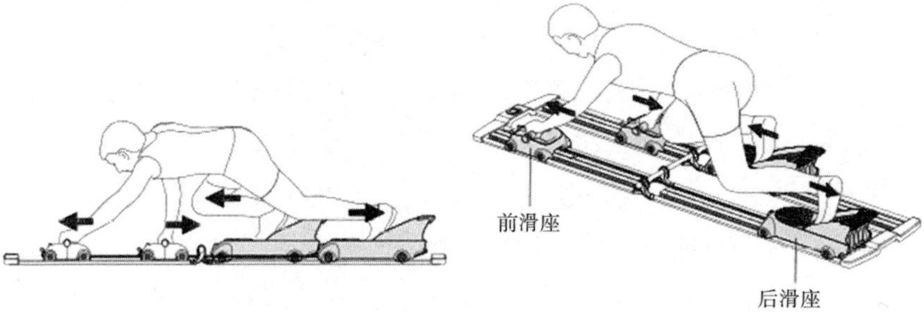

爬行器熊式爬行（图 5-3-2）

1. 动作要领：双脚踏在后滑座踏板的中部，身体作前倾状，双手握在前滑座的把手上进行熊式爬行运动（可选择弹力绳），运动方向如箭头所示。

2. 主要锻炼肌肉：髋关节、肩关节，以及躯干肌群、四肢肌群等。

（三）爬行器交替腿收（图 5－3－3）[60]

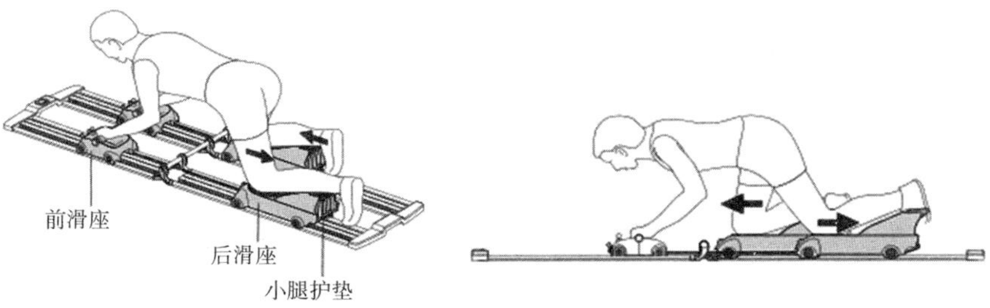

爬行器交替腿收（图 5－3－3）

1. 动作要领：双膝跪在后滑座的膝垫上，两小腿选择合适的位置放在小腿护垫上。将前滑座用球头插销固定在滑轨适当的位置，使前滑座静止不动。双手握在前滑座把手上，双腿单独作前后爬行运动（可选择弹力绳），运动方向如箭头所示。

2. 主要锻炼肌肉：髋关节及周边的臀大肌、腹直肌、腹内斜肌、腹外斜肌、股二头肌、股四头肌等肌肉。

（四）爬行器交替臂划（图 5－3－4）[60]

爬行器交替臂划（图 5－3－4）

1. 动作要领：将后滑座用球头插销固定在滑轨适当的位置，使后滑座静止不动。双膝跪在后滑座的膝垫上，两小腿选择合适的位置放在小腿护垫上。双手握在前滑座的把手上，双手单独作前后爬行运动（可选择弹力绳），运动方向如箭头所示。

2. 主要锻炼肌肉：肩关节及周边的三角肌、斜方肌、胸大肌、肱二头肌、肱三头肌、小臂肌群等肌肉。

（五）爬行器跪撑髋部交替屈伸（图 5 – 3 – 5）[60]

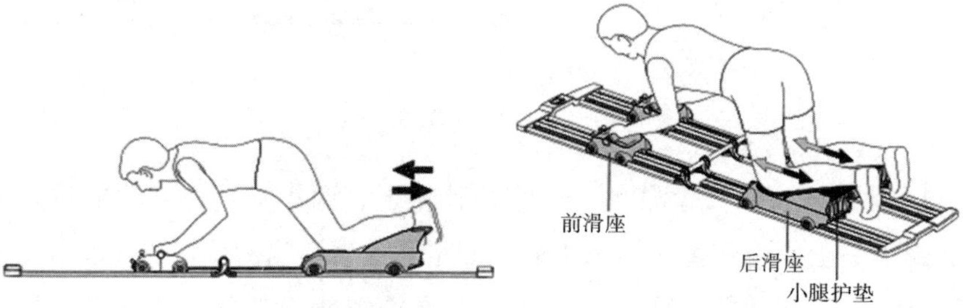

爬行器跪撑髋部交替屈伸（图 5 – 3 – 5）

1. 动作要领：双膝跪在后滑座的膝垫上，两小腿选择合适的位置放在小腿护垫上，将前滑座用球头插销固定在滑轨适当的位置，使前滑座静止不动。双手握在前滑座把手上，两大腿同时作前后伸缩爬行运动（可选择弹力绳），运动方向如箭头所示。

2. 主要锻炼肌肉：腹部的腹直肌、腹内斜肌、腹外斜肌，背部的背阔肌、竖脊肌及臀大肌等肌肉。

（六）爬行器跪撑髋屈伸（图 5－3－6）[60]

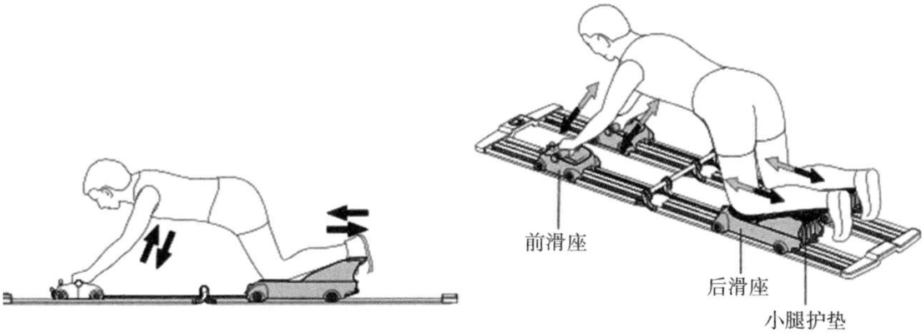

爬行器跪撑髋屈伸（图 5－3－6）

1. 动作要领：双膝跪在后滑座的膝垫上，两小腿选择合适的位置放在小腿护垫上。将前滑座用球头插销固定在滑轨适当的位置，使前滑座静止不动。双手握在前滑座把手上，双腿同时在髋关节处做前后屈伸爬行运动，躯干作俯撑运动（可选择弹力绳），运动方向如箭头所示。

2. 主要锻炼肌肉：胸大肌、三角肌、肱三头肌，以及腹部肌群和背阔肌、臀大肌等肌肉。

（七）爬行器俯卧撑（图 5－3－7）[60]

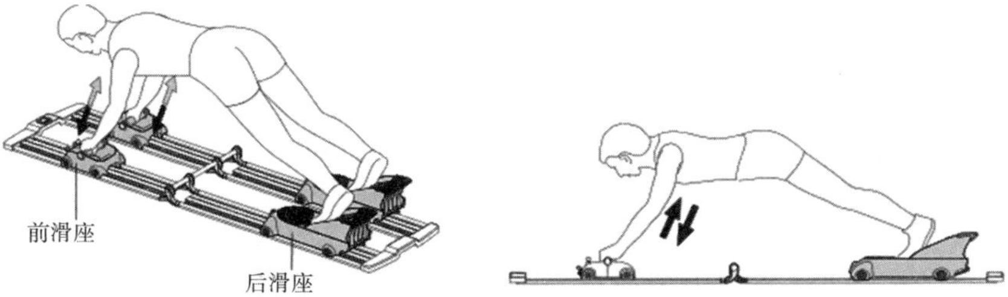

爬行器俯卧撑（图 5－3－7）

1. 动作要领：将前滑座用球头插销固定在滑轨适当的位置，使前滑座静止不动。双手握在前滑座把手上，双脚踏在后滑座踏板的中部，后滑座滑行到适当位置，全身作俯卧撑运动（不能用弹力绳），运动方向如箭头所示。

2. 主要锻炼肌肉：三角肌、胸大肌、肱三头肌等肌肉。

（八）爬行器划船（图5－3－8）[60]

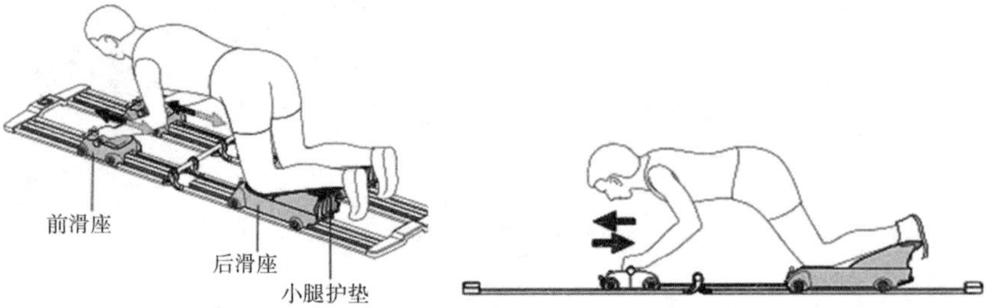

爬行器划船（图5－3－8）

1. 动作要领：将后滑座用球头插销固定在滑轨适当的位置，使后滑座静止不动；双膝跪在后滑座的膝垫上，两小腿选择合适的位置放在小腿护垫上。双手握在前滑座的把手上同时做前后爬行器划般（可选择弹力绳），运动方向如箭头所示。

2. 主要锻炼肌肉：胸大肌、背阔肌、三角肌等肌肉。

（九）爬行器展团腹背（图5－3－9）[60]

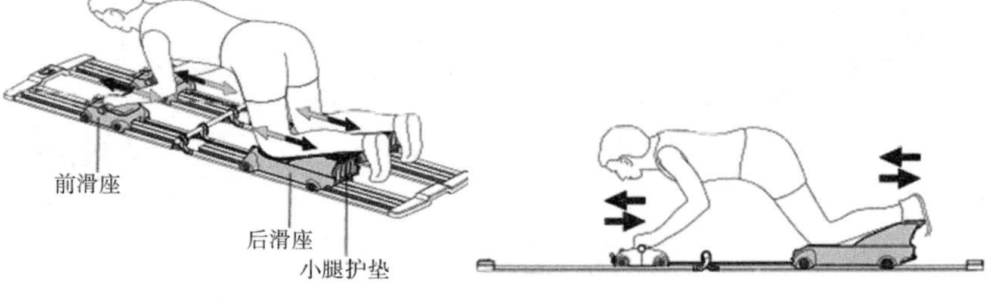

爬行器展团腹背（图5－3－9）

1. 动作要领：双膝跪在后滑座的膝垫上，两小腿选择合适的位置放在小腿护垫上，双手握在前滑座的把手上，臂和腿同时前后伸缩进行爬行腹部运动（可选择弹力绳），运动方向如箭头所示。

2. 主要锻炼肌肉：除小腿肌群外的躯干肌群、四肢肌群等肌肉。

第六章

爬行健身课程编制

第一节　爬行健身课程运动强度与安排

一、爬行健身运动心率与运动强度

（一）心率与运动心率

1. “心率”，是指正常人安静状态下每分钟心跳的次数，也叫安静心率。健康人的心率一般为 60 ~ 100 次/分，也可因年龄、性别或其他生理因素产生个体差异。通常来说，年龄越小心率越快，老年人心跳比年轻人慢，女性的心率比同龄男性快。安静状态下，成人正常的理想心率为55 ~ 70 次/分钟，而运动员的心率较普通成人偏慢，约为 50 次/分钟左右。

2. “运动心率”，即人体在运动时保持的心率状态。不管是有氧运动，还是无氧运动，都有一个合适的心率才能达到较佳的运动效果。保持最佳运动心率对于运动效果和运动安全都很重要。实践中，为掌握运动过程中的最佳运动量，许多的教练员或运动员常把运动心率作为监测运动量的指标。如，三高人群锻炼中尤为重要的是运动心率，如果心率过高，会对身体健康不利，导致恶心、头晕、胸闷；糖尿病患者则会使血糖急剧降低；而且在减脂过程中的效果也不好。

3. 爬行健身的运动心率。常参加各种强度适宜的运动，就会使静息心率变慢。虽然运动时心率加快，但运动能使心功能得到锻炼，从而使静息心率减慢。一般适宜的爬行健身的适宜运动心率可以设定为：

爬行健身运动心率 = 170 − 年龄

如，按此公式计算，一个 50 岁的人，爬行健身运动的心率应控制在 120 次/分钟为宜。过快说明运动量过大，达不到也起不到效果。而且，爬行运动前要自觉舒适、无疲劳感，一般运动不要超过 40 分钟。通常，每次最佳爬行健身的时间为 20 ~ 40 分钟，每周至少坚持 3 次运动。

（二）心率与爬行健身强度

在实践中，进行爬行健身强度定控时，一般锻炼者控制强度都会用到以下两个公式。如：

第一个公式（最大耗氧量的运动强度）：目标心率 = （最大心率 − 静态心率） × 强度百分比 + 静态心率

第二个公式：目标心率 = 最大心率 × 强度百分比

然而，很多锻炼者错误地认为第一个公式仅仅是一个更为安全有效的公式，其实不然。控制爬行运动强度的方法大致有两种。其一，是用最大心率百分比；其二，是用最大耗氧量百分比。而最大耗氧量百分比往往要比最大强度百分比高 10% 的强度，就是说最大心率 60% 的强度和最大耗氧量 50% 的强度是相等的。而上文中的第一个公式计算出来的运动强度其实是相当于最大耗氧量的运动强度，因为它加入了个人的静态心率，故安全性更高些。在设定爬行运动强度时，不应和最大心率百分比混为一谈，否则在对特殊人群进行安排训练时很容易会出现问题。

二、爬行健身要素与课程

（一）爬行健身要素

1. 坚持不懈。爬行健身的过程是很艰苦和枯燥的，但是如果锻炼者决心改变自己的信念，那么爬行健身的过程应是充满惊喜和快乐的。因此，要有充分的思想准备，要明白怕苦怕累是练不出健康的身体和性感迷人的身材的。

2. 意念集中。爬行健身讲究“意念集中”。即，爬行过程中，要全神贯注的意想所锻炼的那块肌肉。这样，不仅保证爬行动作的正确，同时可感受肌肉的工作和深度的刺激肌肉。

3. 关注健身成果。爬行健身要有目标，但目标不能夸大也不能过于拘谨。定期的记录身体的体重、各部分围度，能拍出照片最好，做下纪录。这样就能定期的感受健身的效果来激励自己。同时，及时的发现所存在的问题并加以纠正。

4. 摸索适合自己的实用爬行健身方法。爬行健身前，要充分的了解爬行健身的知识，制定出适合自己的实用爬行健身方法和计划。由于个体的差异，每个人的爬行健身计划也有所不同。锻炼者应在锻炼过程中摸索出适合各自的爬行方式和运动强度，以使用最科学的爬行方法来达到自己的健身效果。

（二）爬行健身课程安排

1. 周课次和时间。在周运动负荷不变的情况下，每周多课次的锻炼要比少课次为优，一般每周爬行锻炼以 3 ~ 5 次为宜；每次锻炼时限在 1 小时内为佳。

2. 爬行健身课的内容安排。根据不同锻炼者的健身目的，应采用与之相适应的爬行方式与方法。为提高爬行健身课的效果，对塑型或健身等为目的锻炼者，除每次保持一定量的爬行外，一般还应辅以其它的健身方式或方法。

3. 爬行健身过程的器械安排。爬行健身锻炼一周练 5 ~ 6 天者，除每次保持一定量的爬行外，不宜每天都进行全身器械锻炼，应安排一天上肢、一天下肢，或一天屈肌群、一天伸肌群等的锻炼方式为好。

4. 爬行课程的运动量安排。通常，根据锻炼者的运动能力来确定运动量。对中等运动能力的锻炼者而言，每次课爬行的总距离在 50 ~ 100KM 为小运动量；100 ~ 300KM 为中等运动量；300 以上为大运动量。

5. 爬行课程的心率标准。若以爬行锻炼者的心率作为标准，每组的心率达到100~120次/分钟为小运动量；120~140次/分钟为中等运动量；140~160次/分钟为大运动量；160~180次/分钟为超大运动量。

6. 每课次的开始和结束。每次锻炼应做好开始的全身热身活动和锻炼后的放松活动。

（三）不同健身目的爬行健身课程的安排

1. 减脂锻炼：每周5~6次，中等强度，爬行运动为主，可配合适量器械练习。

2. 塑型和健身锻炼：健身频率和持续时间一般每周保持2~4次，但应注意课程的多样化。课程中所安排的内容应包括安排有氧运动、健身操课、器械训练等不同项目。

第二节　爬行健身宜忌

一、爬行健身适宜人群

（一）爬行保健的中医理论

从经脉上分析，手太阴肺经从肺经由手臂内（外）侧走到大拇指；手厥阴心包经从心包经由手臂内侧（中）走至中指；手少阴心经从心脏经由手臂内侧（里）走至小拇指。然后手三阳经（手阳明大肠经；手少阳三焦经，手太阳小肠经）从手走至头部。练习爬行运动时，人体的阳脉几乎都处于外部得到了拉伸和锻炼，而六阴脉则几乎全部藏于内部。处于一种本能的保护状态。

（二）几种常见的爬行方式的适宜人群

1. 熊爬（手足爬）。此运动适合患有腰部和脊椎疾病类的人群。爬行时两手两脚着地，头抬起，前脚掌着地，膝微曲，手足交替依次爬行。该爬行形式强度较大，能充分锻炼上肢和肩背部的力量和协调性，拉开脊柱椎间隙，对提高膝、踝关节的弹性和伸展性也有良好的作用。

2. 跪爬。有心血管类疾病的患者适合跪爬。爬行时两手两膝着地，头抬起，手膝交替依次爬行。跪爬强度较小，能坚持较长时间。跪爬可增加头部的血液供给，改善心血管机能，对放松腰部肌肉、预防减少腰椎疾病有明显作用。

3. 匍匐爬。肥胖人由于体重给四肢带来的压力比较大，更适合匍匐爬。且因其强度中等，是特别适合颈部、背部容易疲劳的肥胖人群进行减肥的有氧运动。此外，它还适合于心肺功能低下，缺乏运动，脑力工作者等。对脑供血不足、失眠、健忘、便秘、颈椎病、腰椎病、腰椎肌肉劳损、免疫力低下等都有明显的效果；由于爬行的强度不大，非常适合体质虚弱的人群，对老年人最为合适。

二、爬行健身不适宜人群

（一）椎骨或腰肌损伤的人群不适合爬行健身

长期过量或频繁的直立运动，可能会造成人们椎骨或腰肌等损伤。因此，采用爬行锻炼，可从某种程度改善脊椎重担，活动并拉伸脊椎。但是，需要注意的是，爬行健身要四肢承重，且需时刻抬头观察前进道路，这就可能造成人们腕关节、膝关节、颈部等受损。特别是对于老年人，自身骨关节本身就处于退化状态，加之如还患有骨质疏松、腰椎滑脱或高血压等疾病，贸然采用此种方式，不仅不利于健身，还可能引发或加重一系列疾病，得不偿失。

（二）有颈椎病、腰椎病、关节病等的人不适合爬行健身

由于爬行会造成髋关节、膝关节、踝关节的反复磨损，导致关节受伤加重，由此有关节炎、半月板或韧带损伤或做过关节人工置换的人不适合爬行健身。而且，在爬行过程中，会有较长时间的注意力高度集中的状态，这会导致颈部、腰背肌肉紧张，而爬行对脊椎亦有较大刺激，可能会加重原有的病情。

（三）心脏有问题者不宜进行爬行锻炼

健身者的心脏是否适合爬行运动，健身者可先做简易测试。即：先静坐5分钟，然后测出每分钟的脉搏数，再连续做20个的鞠躬动作（频率、动作适中即可），测得脉搏数。休息一分钟，再测脉搏数。将三次测得的脉搏数相加，减去200，再除以10，得出的结果在0～3，说明心脏强壮；在3～6，说明心脏良好；6～9状态一般；9～12，就需要关注健身者的心脏了。

（四）某些疾病患者慎用爬行方式锻炼

刚开始时练爬行时，头部、太阳穴或颈部可能会有胀痛感，坚持一段时间后会逐步减轻、消失。但是手、足、膝部有炎症、坏疽，感染、化脓性疾病患者，手术后伤口未痊愈者勿练。患有严重心脏病、高血压和眼部疾病者等不宜进行爬行方式进行锻炼。

三、爬行健身注意事项

（一）爬行前要做好热身运动，运动后做好整理和放松运动

注意爬行前做好准备活动，尤其是肘关节、腕关节、膝关节等；运动后要做整理活动，自我按摩或放松练习。

（二）选择好适合的场地，穿戴舒适的服装

宜在空气流通、有地毯的室内或平坦、宽阔的平地或坡度适中的斜坡，或有草坪的室外进行（沙滩也可），清理好场地，注意安全。练习者衣履要轻便，应佩戴必要的护具，如爬行场地在硬质地面上要注意佩戴护膝和手套。通常选择从高往低爬效果好，但坡度过高则容易翻跟头。在家里爬，则要当心家具等障碍物，也可在床上原地爬。

（三）运动量因人而异、逐渐递增，做好爬行健身前后的监护

运动量安排要因人而异，不要追求超出人体正常能力的动作，以动作规范为主；不要一味求快求远，应循序渐进，先慢后快，以不喘不累为宜；运动量要逐渐递增。

（四）爬行速度宜慢，起立时先改坐式或蹲式并有停顿时间

爬行速度不宜过快，想站立时，切记不可马上站起，要由爬式先改为蹲式或坐式，慢慢站起，以免突然站起造成大脑瞬间缺氧晕倒。

（五）防止上肢损伤

人类上肢支撑躯体重力的功能已大为退化，若以双手爬行于地，支撑重力，会加重手腕及双臂等负担。尤其是五指和腕部承重力增大，会对指关节，腕部肌腱、韧带增加额外的压力，锻炼不当会使手指和手腕等关节发生病变，引起劳损性疼痛，或是患桡骨茎突狭窄性腱鞘炎等。因此，训练应循序渐进，预防上肢损伤。

第七章

爬行对肥胖的练防

第一节 体型和体成分特征

一、体型类别与标准

体型（somatotype），指人体的类型，主要指人体各部分之间的比例，是对人体形状的总体描述和评定。体型与人体的运动能力和其他机能、对疾患的易染性及其治疗的反应有一定的关系。因此，在人类生物学、体质人类学、医学和运动科学中受到关注。体型主要由遗传性决定；而另一方面，包括人体对环境的适应和人的行为在内的后天影响也使体型发生一定范围内的变化。

在 20 世纪 50 年代以前，一般认为体型是基因型，完全由遗传决定。虽然一个人的体格在不同的年龄和不同的状况下可能有所变化，但据研究者认为他的体型是永远不变的。20 世纪 50 年代以后，越来越多的学者认为体型是表现型的，是可变的，应以动态的观点来研究体型，以使它获得新的活力。也就是说，体型的评定不仅可以发现两个人或两群人之间的差异，以及体型与人体某种机能之间的关系，而且可以研究同一个人在不同时期不同条件下体型变化的方向（即在内、中、外胚层型中哪种因子占优势）和强度，这使得体型研究提高了实用意义。

然而，描述体型的指标不外乎身体的形态观察和人体测量特征两个方面，制定体型的标准类型的基本要求是：既要使复杂的人体形状特征得到完善的、实质上的反映，又要能够把几乎所有的人包括进去。因此，选择符合这些要求的观察项目和测量项目就相当费事，有时不得不包括上百个这样的项目。此外，不同的研究者划分体型等级有不同的依据和尺度。有的使用身体的纵向比例，有的着眼于躯干与四肢的比例，有的注意各器官系统的发育情况及其相互比例；有的注重脂肪沉积与肌肉发育的状况。由于这两方面的原因，再加上实用上的原因，体型尽管已有半个多世纪研究的历史，至今在全世界并不是应用得很普遍。

对于体型的研究者来说，因他们从各自关心的研究人的体型角度不同，对于体型的概念往往也是各不相同的。如，少年儿童工作者、医生、体育运动教练员会从各自特定的眼光看待体型，他们注重的体型往往是与某项机能有关的身体部分的类型。常见的体型分类主要有：

（一）谢尔登人体分类

谢尔登按照人体结构的三种极端类型，将人类划分为三种。即，内胚层体型或圆胖型；中胚层体型或肌肉型；外胚层体型或瘦长型：

1. 内胚层体型：是由内胚层发育成的组织占优势的一种身体建造类型，全身各部较软而圆，消化器官肥大，脂肪沉积丰富，故躯干和大腿特大，而上肢和小腿特细。

2. 中胚层体型：是由中胚层发育成的组织占优势的一种身体建造类型。其肌肉、骨骼及结缔组织颇为发育、体格健壮、结实，有粗壮的外表。

3. 外胚层体型：由外胚层发育成的组织占优势的一种身体建造类型。其体形细长，显得瘦弱，肌肉组织和皮下组织不发达。

（二）医学分类

1. 无力型亦称瘦长型：表现为体高肌瘦、颈细长、肩窄下垂、胸廓扁平、腹上角小于90度。

2. 正力型亦称匀称型：表现为身体各个部分结构匀称适中，腹上角90度。左右，见于多数正常成人。

3. 超力型亦称矮胖型：表现为体格粗壮、颈粗短、面红、肩宽平、胸围大、腹上角大于90度。

（三）成年人的体型分类

1. 瘦长型（无力型）：身高体瘦，肌肉少，脖子细长。肩膀窄下垂，胸廓扁平，上腹角（两侧肋骨之间形成的夹角）<90°。瘦长型的人容易得内脏下垂的疾患。

2. 矮胖型（超力型）：与瘦长型相反。体格粗壮，颈粗短，面红，肩平，胸廓宽阔，上腹角>90°。矮胖型人容易患高血压、高血脂症。

3. 均匀型（正力型）：身体各部分结构匀称适中，上腹角90°左右。一般正常人多为此体型。

（四）理想健美体型标准

理想健美体型是人们所热注的，有许多的专家和学者都对此进行了研究，且取得了不少的相关成果。尤其浙江师范大学学者田里教授曾对健美体型标准进行了深入的研究。他认为：健美体型是在先天骨骼刁称度获得性的基础上，他与身高不相关，但与身体各部位的体围却关系极为密切，即不同的身高应使人体不同部位达至相应的体围。此研究以人体结构特征、生理特点、审美规律为依据，对人体的对比部位实际体围比值（身高与肩围、肩围与腰围、1/2肩围与颈围、臀围与两大腿围、1/2臀围与两小臂围、小腿围与大腿围、胸围与大臂围等）作黄金分割检验；在此基础上再以各对比部位的黄金分割值（1：1.618）作为理想体型标准的参数，将所得的各部位实际体围比值调整（在±1.5范围内）为理想体型标准比值。其结果为：

1. 女子健美体型标准比值为：身高100%；颈围19.11%；肩围61.82%；胸围55.93%；大臂围17.29%；小臂围16.38%；腰围38.18%；臀围52.94%；大腿围32.75%；小腿围20.23%。即，只要知道某女性的身高，用身高去乘以上述各体围比值再除100，就可获得健美女子体型的标准参数。[11]

2. 男子健美体型标准比值为：身高 100；颈围 21.94%；肩围 71%；胸围 61.8%；大臂围、小腿围 21.01%；腰围 43.88%；臀围 55%；大腿围 33.99%；前臂围 17%。即，只要知道某男性的身高，用身高去乘以上述各体围比值再除 100，就可获得健美女子体型的标准参数。[12]

二、健身锻炼者的休成分与特征

（一）身体成分测量

人体由水分、蛋白质、无机盐、脂肪等成分构成，体成分测试能够同时显示人体各项成分的质量（kg）和相应的标准值，从而帮助受试者了解身体成分是否达到平衡，以及与标准值的差距等。身体成分的不均衡将会导致肥胖、营养不良、骨质疏松、浮肿，使人体的健康亮起红灯。为更好的了解人体内的成分，现在常用体成分仪来进行对相关指数的测试。因为，使用体成分测试可以显示出测试者的体重、体脂肪量、肌肉量、去脂体重，以及标准体重状态下的相应比例（%）和标准范围。还可以对人体各部位肌肉分别显示出现在体重中躯干、左右臂、左右腿的肌肉量，从而使测试者更了解身体的均衡和健康状态。如果肌肉低于标准值，那么就意味着受试者该运动了。

（二）锻炼者的体成分特征

随着科技的发展，学者和专家对人体成分做了大量研究。其中，浙江师范大学田里教授在对健美运动员的体成分研究中认为：从理论上讲，健美运动员体成分与健美竞赛成绩的关系应该是“成绩越好则瘦体重越重、电阻抗越小、体内含脂量越低、蛋白质含量越多、体内占肌肉的重量越多”。但是通过测试结果显示，我国健美、健美运动员（即锻炼者）的体成分存在以下特征：

1. 健身运动员（或锻炼者）体成分特征：[13]

（1）健身运动员的体脂、瘦体重、身体水总含量、基础基础代谢等每厘米身高不相关；但身高/电阻抗是身高矮的电阻抗高。

（2）体脂%是随着体重增大而变小；电阻抗是随每公斤体重的阻抗增大而变小；瘦体重%和体总水含量%是随着占体重%的增大而增大；而基础代谢对健身先生来说占体重%增大代谢率增加，对健身小姐来说则与健身先生相反，即占体重%增大反而基础代谢率减小。

（3）健身运动员的体脂含量%普遍都低于普通人最低%，而且，从不同的身高组别看，身高越高，占体重%的含脂量越低。

（4）健身运动员身高越高的组别，其瘦体重越重；其身体水总含量在常人的含水量范围；各身高组间总电阻抗没多大差别。

（5）健身运动员的体内占肌肉重量是随身高增长而增重；且蛋白质含量要高于普通人所含最高蛋白质量；其中，矮身高组的蛋白质含量要低于高身高组的含量。

（6）健身运动员的矿物质在正常人体的所占体重%范围内；其身体细胞内、外液的所占体重%与常人相同。

2. 女性健美运动员（或女性锻炼者）体成分特征：[14]运动成绩越好，瘦体重越轻、电阻抗越大、体内含脂量越高、蛋白质含量越少、体内占肌肉的重量越小；女性健美运动员体内的含脂量比普通人群低，蛋白质含量高于常人；女子健美运动员的体内水分、矿物质和细胞内外液的含量与普通人没有什么差异。

第二节　立行与肥胖

一、立行者脂肪囤积规律

（一）脂肪堆积的重心近远端效应

学者认为：人类四肢的内侧脂肪比外侧多，肚子脂肪沉积比后背多的现象符合“脂肪堆积的重心近远端效应”。即，人体重心是指人体全部环节所受到的重力合力作用点。而脂肪堆积的重心近端效应所指人体的脂肪趋近于以人体重心为中心向外辐射，靠近重心的皮下位置更容易沉积脂肪；人体远端，如头、小臂、小腿等部位脂肪沉积速率慢于近重心位置。

（二）腹部的内脏和皮下是囤积脂肪首选

人体脂肪堆积首选人体重心附近，腹部与人类站立时的重心位置接近，在这里囤积“备用能量”不会影响人类坐站走跑跳时的重心变化，尤其是可以保持人类直立行走时的几何平衡性。所以，腹部内脏脂肪和腹部皮下脂肪，是脂肪堆积首选位置；接下来的区域是臀部，大腿内侧（俗话说的大腿根位置），大臂内侧。

（三）人体内侧部位容易囤积脂肪

出现脂肪堆积的重心近端效应，原因在于人体的几何平衡。人体的脂肪堆积以人体重心为球心，向外形成的同心球，以确保人体重心不变。所以，腰腹部脂肪堆积速率一般比四肢快，即使是四肢的脂肪堆积也是大臂内侧，大腿内侧和臀部这些离人体重心更近的位置，其脂肪堆积速率快于大腿外侧和大臂外侧。那些极度肥胖者，越胖越近似于球形，球的中心近似于人体重心，这样保证人在活动时不会因重心变化太大而摔倒。如果脂肪沉积倾向于人体远端（头、小臂、小腿等部位），在挥手臂或踢腿时，人就会很容易因为重心变化而摔倒。由此，这种脂肪堆积的重心近端效应不但适用于人，同样也适用于大部分哺乳动物。

（四）人体脂肪易积部位

1. 立行者脂肪的堆积种类。直立行走的人体全身都有脂肪组织，这些组织是由储存能量的脂肪细胞组成。研究表明，造成脂肪堆积的原因因人而异，一般大致可分为两类。即，内脏堆积（脂肪附着在器官周围）和皮下堆积（脂肪堆积在皮下 80% 的组织中）。

2. 男、女常规囤脂部位。学者的研究表明，常规的囤积脂肪部位男、女有别。即，女性的脂肪一般堆积在臀部和大腿，形成所谓的“梨形”体型；男性的脂肪通常囤积于腹部，形成“苹果形”大肚。

3. 特殊囤脂部位。

（1）膝部：女性的双膝内侧往往是容易堆积脂肪的部位。

（2）上臂。对于女性，在上臂的中上部区域（常包括三头肌部位）也是脂肪容易堆积的部位。

（3）腹部：在女性和男性身上都容易堆积脂肪的一个部位是肚脐周围的区域。而且，通常女性主要囤积于下腹部；男性主要囤积于上腹部。

（4）大腿内侧：大腿内侧囤积脂肪的情况在女性身上十分常见。而且，导致女性此处更易囤脂的主要原因是女性盆骨的宽度较男性更大。

（5）大腿外侧：此区域是人体最容易形成凹陷或者脂肪团的地方，常被称为“马裤”。此地所集中的脂肪常与大腿内侧和臀部的脂肪组织混合存在。

（6）臀部：若是此处没有脂肪，那人们坐下的时候一定不会舒服。所以，脂肪在臀部囤积是正常现象。但是若臀部的脂肪囤积过多，那么将会使臀部下垂到大腿上去。

（7）下背部：此处的脂肪一般主要和臀部的脂肪合为一体。

（8）胸部：胸部乳房组织由富含脂肪的胸腺组成。男性的胸部也有脂肪和萎缩的胸腺。即是两种性别的人都会在此处堆积脂肪。有时候一些男性的胸部由于除了有脂肪处，还有发达的胸大肌，故往往会被误认为是拥有女性的乳房。

4. 人种差异：据学者的调查指出，脂肪的堆积部位因人种而异。即，成年亚洲人比欧洲人种更倾向于内脏堆积脂肪或向心性肥胖；而地中海地区的女性则多为大腿外部肥胖。

二、油脂与腰腹肥胖

（一）饮食中过剩的油脂引起了人体脂肪形成

饮食中的油脂并不是全部都会跑到脂肪细胞中储存。体内摄取的油脂会先成为人体能量的来源，而且有许多细胞的构造、神经的构造也需要油脂当做原料。另外，油脂中也含有必需脂肪酸，会代谢一些重要物质，供身体做免疫调节。因此，不应一讲到油脂就去联想“肥胖”。饮食中绝对不能没有油脂，只是油脂的摄取不应过量，而应是适量即可。若饮食中摄入了太多的油脂，就会跑去脂肪细胞里储存。

（二）热量过剩引起腹型肥胖

肥胖多半不是天生的，控制饮食中“油脂”和“糖类”的量，并增加有氧运动，都是减少脂肪堆积的重要方式。除了饮食中的油脂以外，“糖类”的过剩也会转变成脂肪，而后跑到腹部的脂肪细胞中储存起来。一般腹部脂肪主要为内脏脂肪，当人体摄入热量大于消耗的热量时，多余的热量会转化为脂肪，暂存在腹部，等热量不足时可快速燃烧提供能量。如果一个人长期摄入热量过多，腹部脂肪只存不取，就容易引起腹型肥胖（中心性肥胖）。

三、立行与肩周肥胖

（一）人类进化为肩周囤脂创造了条件

从爬行动物到哺乳动物到猿类，它们的骨骼生来是四条腿承载体重。而人类的进化改变了这一形态，从爬行进化成立行，由四肢行走发展为两足行走，解放双手的同时也是自身的一些器官退化，这也是必然的事情。直立行走，手足分工，制造使用工具是猿进化成人的主要标志。由于直立行走，人的许多内脏器官压在骨盆上，使原来长而窄的骨盆逐渐演变成短而宽的盆状。由于直立行走，使脊柱演变成承担头颈、上肢和躯干重量的装置，椎骨越向下承受的负荷越大，使椎骨由颈椎到腰椎逐渐变粗。由于直立行走，头颅需要被置于更加平衡的位置，头骨的枕骨位置逐渐前移，脊柱弯曲变化更为显著，逐渐演变成一个 S 形的结构。此外，为便于在直立时保持身体平衡，人类的胸廓的横径逐渐变大，胸腔的横断面呈现出肾形。因此，人类的进化，使人体的各部位功能发生了改变，尤其是文明程度的提高促使手足的精细分工，也为肩周囤脂创造了条件。

（二）直立行走时肩周边的能量代谢

直立引发解剖学上的改变，直立行走与爬行的生物力学特征天差地别，从颈部向下直到足部的骨骼都不一样。

1. 爬行时，四肢承受自身体重，颅骨和脊椎排列不同，爬行时头部和躯干在臀部和足部以上保持一条水平线。使得上肢不得不承受身体一半以上的重量，长时间地爬行，使自身上肢得到锻炼，能耗增加，不容易发生脂肪堆积，只会变得粗壮有力。且为了支撑身体的重量并缓冲直立移动的冲击力道，四肢的关节和脊椎都变大了，足部也演化出足弓。骨盆也是如此，从猿猴那又长又细的桨形变为又宽又扁的鞍形。

2. 立行时，将躯干的重量自上而下推给双腿，并容纳了大块肌肉的附着，这就增加了身体的稳定性，提高了直立行走的效率。而立行时的上肢便得不到足够的锻炼，上肢肌肉长时间处于松弛状态，能耗减少，上时间下来，上肢周边会发生脂肪堆积，变得上肢肥胖。

第三节 练防肥胖的爬行方法

人类处在直立状态时，体内血液受到地心引力的影响。血液的重力和心脏的动力同在一条垂直线上，心脏要推动血液循环，就要克服血液的重力影响。人在直立运动时，下肢属主要活动器官，血液更多地分配到下肢，心脏和心脏以上的器官血液供应减少，容易引起各种机能性疾患。人在爬行时，可以保持人体各部位承受地心引力的一致和血液循环分配的均衡，从而达到健康长寿的目的。爬行对人体直立的姿势进行了换位性的锻炼，使人回到原始状态，能够保持人体各个部位承受地心引力的一致和血液循环分配的均衡，对调节心血管功能、增强脑部血管的抗压能力具有良好的效果。医学实验证实，爬行不仅对心脏病、脑血栓等有很好的疗效，而且可治疗腰肌劳损、坐骨神经痛、关节炎、下肢静脉曲张、脊椎病、肌肉萎缩、消化不良、痔疮等。

爬行是一种有氧运动，能调节血液循环和分配，减轻心脏和脊柱压力，锻炼腰腹部的肌肉力量。最后达到对心血管疾患的练防或缓解，减少腰腹部的肥胖的现象。练防肥胖的爬行的方式主要有匍匐爬行、跪撑爬行、俯视爬行等。爬行是一种很好的健身和减肥的运动。

爬行，可谓是人类的本能，爬行族现在已经慢慢壮大起来，不仅是老年人，许多年轻人也加入到了其中。因通过爬行，可以让全身肌肉一起运动起来，是一项少有的简单又能够瘦全身的运动。

爬行应该算是比较另类的一种瘦身方式。在爬行中四肢要平分身体的重量，可以保持人体各部位承受地心引力的一致和血液循环分配的均衡，并且能够缓解内脏的压力，同时爬行式动作对人体腰腹肌肉提出了更高的要求，对腰腹深层肌肉有明显的锻炼效果。另外，人在爬行中会不自觉地使用腹式或胸式呼吸，这对于加强脂肪的消耗十分有益。实践证明，只要依照自身状况和能力，选择一两个动作每天爬上 10～30 分钟，过不了多久，就会发现背部，四肢及腰腹等部位脂肪的下降，并留下迷人的 S 形曲线。

一、运动减肥的原则与能耗方式

（一）减肥的能耗方式

运动时，人体内的三磷酸腺苷（ATP）水解为二磷酸腺苷（ADP）和磷酸，以释放能量直接供运动需要。其它能量物质（糖元和脂肪等）则通过各种代谢途径分解供给，以保证 ATP 数量的恢复。氧气充足时（中、小运动强度），ADP 通过糖、脂肪氧化释放的能量重新合成 ATP，缺氧时（大强度），ADP 则由磷酸肌酸（CP）或糖酵解生成乳酸释放的能量重新合成 ATP。由此可见，运动时的供能物质一般可分为三种：首先是被利用的能量物质——ATP，其次被利用的能量物质——CP 及糖元，再者是被氧化分解释放大量能量的物质——糖元和脂肪。

然而，人体中 ATP 储备很少，激烈运动时它供能不足以维持 10 秒钟；CP 系统可提供 20 钞左右的能量；接下去就是肌肉中储备的糖原供能；肌糖元被大量消耗后，血糖便参与供能；再下去才动员肝糖元供能。就是说，只有当运动时间超过 30～45 分钟，脂肪才被动员起来与糖元一起供能。随着运动时间的延长，脂肪供能的比例逐渐增加，最多可占总消耗量的70～90%。

由此可见，短于30分钟的减肥运动是不可取的，无论强度大小，脂肪消耗均不明显。如，只用“仰卧起坐”来减少腹部脂肪的方式其效果就会很差，因为很少有人能连续仰卧起坐30分钟以上，即使间歇着做也难以达到。然而，只用局部某练习来减少局部脂肪其效果将会很微小。原因是：局部练习总消耗量少，容易疲劳，不能持久；再者，脂肪供能由神经和内分泌系统调节，而这种调节是全身性的，并非练哪个部位的脂肪，而是哪里供血条件好，有利于脂肪的消耗，哪里就能减肥。一般来说，上体由于重力作用血液循环较好，运动中上身脂肪的消减快于下半身。如身体情况允许，采用倒悬垂或按摩肥胖部位，改善那里的供血条件，则对局部减肥是有帮助的。

另外，脂肪在运动时的供能作用还与运动强度有关。小强度运动时（有氧练习），肌肉主要利用氧化脂肪酸获能，脂肪就消耗得快。运动强度增大，脂肪消耗比例随之相应减少，中等强度运动时糖与脂肪供能的比例基本相同。接近大强度运动时，脂肪供能比例只占15%～20%。因此，轻松愉快的、长时间的小强度运动最有利于减肥，越激烈、越吃力的运动减肥效果越差。

综上所述，减肥锻炼应选择全身性的有氧运动，如爬行、游泳、骑自行车、快走、慢跑、健身操、轻器械健美锻炼等，心率保持在100～120次，时间（每次）应达到一小时或以上，坚持不懈的锻炼，必可获得成效。而且，如若与适当节食相结合，效果会更好。

（二）运动减肥原则

1. 尽量选择全身性运动。如果全身性运动的强度适当，较少出现明显的局部疲劳，就可以消耗更多能量。例如快走、慢跑、骑自行车、游泳、健身操、体育舞蹈等都是减肥效果较好的全身性运动。

2. 不凭感觉推断运动耗能量。运动消耗能量并非和运动用力程度成正比。如据研究显示，以每小时4.8公里速度走10分钟，所消耗的能量竟超过非常吃力地做50次“仰卧两头起”所耗能量的十倍以上。故，不一定越吃力的运动减肥效果就越好。

3. 运动持续时间要长。运动强度的增加不与运动所消耗的能量成正比。如，以每1.6公里9分钟的速度跑步，每分钟消耗14.5千卡能量；以1.6公里7分钟速度去跑，每分钟消耗19千卡能量。两种速度跑完1.6公里所消耗能量，其前者是130.5千卡，后者是133千卡。二者间相差不到3千卡，可后者在强度上比前者吃力得多。因此，减肥运动以适中强度持续时间较长为宜，且应避免高强度短时间的运动。

（三）爬行运动对体脂的消耗

随着人们生活水平的不断提高，体重超标的肥胖病的人数增多。爬行运动对降低体重有非常显著性的效果，同时身体的脂肪量和脂肪百分比都有所降低。这基于爬行运动属于有氧运动，人们在进行爬行锻炼时，自身的能量代谢属于有氧代谢，运动中所消耗的能量是由脂肪代谢提供。从运动生理学角度，参加长时间的有氧运动锻炼时，机体的供能主要来自糖和脂肪的消耗，适度的爬行运动导致身体脂肪量和脂肪百分比减少，人体的重量下降。

二、爬行练防腰腹肥胖的锻炼与注意事项

肥胖指的是人体脂肪的过量储存，表现为脂肪细胞的增多或者体积的增大。肥胖产生的原因有：遗传因素、疾患和用药导致的体重失常和肥胖、不合理的饮食规律导致热量失衡从而产生的肥胖、精神压力等心理因素、运动量不足导致的肥胖。由于年龄的增长或运动量的缺少等原因，身体代谢变慢，对能量的需求减少，摄入大量食物，脂肪在腰腹部等处集中，体型难以控制。肥胖对儿童、中年人、老年人都产生很大影响。上身性肥胖（主要是腰腹部肥胖）的人，糖尿病和心血管的患病率会增加。随着年龄增长，肥胖者的高血压、冠心病、呼吸道疾患等患病率都比正常人机率大。

爬行能调节血液循环和血液分配，减轻心脏和脊柱的垂直负荷。爬行

可使人的全身重量分散到四肢，减少腰椎的负荷，能起到练防腰部和脊椎疾患的作用。此外，爬行时心脏位置较低，四肢血液便于回流，冠状动脉的血液供应充足，不易发生缺血现象，有助于预防冠心病。对于练防心脑血管疾患、内脏下垂及脊椎慢性疾患很有帮助。爬行还是一项柔和和缓慢的有氧运动。爬行对身体的多个部位产生作用，从而分解脂肪，降低体重。

（一）爬行功效与特殊人群

1．对血液系统功能改善。在运动的时候，大脑处于人体的最高处，心脏向上提供的血液不足，易导致大脑供氧不足，肥胖者或老年人易出现头晕、眼花，或者心肌梗塞等症状。爬行是大脑与心脏平行，或者位于心脏以下，心脏横向供血，血液和氧气可以更加顺畅提供给大脑，易于头脑保持清醒。爬行是四肢同时运动，易于大脑左右半球的协调运用和开发。另，平常人直立行走时，血液会更多地分配到下肢，心脏及其他的上肢器官供血减少，导致肥胖者的供血和脑部血液不足，爬行时候心脏与其他大部分的血液系统处于同一平面，血液流回心脏更加平稳，供血更加充分，心脏流出的血液也更加通畅，减少心脏负担。肥胖者的心肌功能相对较差，爬行运动时心脏收缩能力增强，心肌工作能力提高，心率减慢，改善肥胖者心血管系统对体力符合的承受力，使心脏和整个循环系统处于良好的状态。

2．对呼吸系统功能的改善。爬行是胸式呼吸与腹式呼吸相结合这样可以扩太肺活量。爬行时身体重量分散到四肢，从而大大减轻了颈椎腰帷的负担可促进血液循环减轻心脏的负担。爬行时候，充分利用肺组织，进行气体交换，胸围增大，呼吸差加大，呼吸肌肉得到锻炼，改善肺的换气及通气功能。腹式呼吸锻炼腹肌，消除堆积在腹部的脂肪，也可以使机体获得充足的氧气，利于肥胖者锻炼呼吸系统。

3．对脊椎及腰腹部肌肉改善。由于现代的工作生活方式，经常久坐。颈部肌肉容易疲劳，脊柱弯曲，腰腹部就会脂肪堆积。爬行运动可以使腰椎间隙受到合理的挤压，刺激脊柱的神经，疏松颈部和腰部的肌肉，降低脊椎的压力，锻炼腰脊部位的肌肉力量。爬行可以放松全身的肌肉，尤其是腰腹部的肌肉。在爬行运动中，腰腹部的脂肪就成为能量的主要供应物质，腰腹部的脂肪不断水解和氧化，体内脂肪组织减少，脂肪代谢酶活性提高，腰腹部脂肪堆积减少，肌肉得到锻炼和放松。

4. 对大脑发育的影响。人在爬行时，手部频繁接触地面手掌穴位不断得到脉冲式的刺激，这种刺激影响着人的大脑，阻止和延缓脑细胞的退化过程，对预防老年痴呆症十分有益。

5. 对婴幼儿成长的影响。

(1) 爬行能促进幼儿的身体发育。孩子在幼儿时期，从大肌肉动作到小肌肉动作，从上肢动作到下肢动作，从整体动作到分解动作，发展都极为迅速。特别是在学习爬行的过程中，幼儿不但要用小手、小脚支撑身体，使其四肢的小肌肉群得到发展，而且关节的运动也有利于其骨骼和嘎肌、伸肌的发育。同时幼儿在爬的过程中会经常变换姿势，这也促进了其平衡器官的发展。爬行促进了幼儿整个运动系统的发育。如果孩子在幼儿时期爬得少，不仅会使其直立行走的过程受到影响，而且到其学龄前期这段时间，孩子会显得不机灵，动作笨拙，容易疲劳、部分孩子甚至由于早期忽观爬行而造成神经，人脑发育不良，智力落后。

(2) 爬行还有助于幼儿的心理发展。幼儿始爬行后，活动的范围扩大了，这使得他们有机会去接触各种事物；同时也使得他们与成人的游戏内容更加丰富，语言交流进一步增多. 这不但可促进幼儿的听觉、视觉及语言器官的发育. 而且可扩展幼儿的认识范围，为幼儿扩大和深化对外部世界的认识创造条件，为其只后形成分析、比较、综合、概括等各种能力打下基础。

6. 对孕妇影响。孕妇爬行锻炼可增强腹肌力量，预防难产。产后爬行，有利于子宫复位。孕妇爬行还可减轻腿部浮肿，避免难产。

7. 对老年人影响。爬行疗法具有全身活动的特点，使老人食欲增加，睡眠安稳，气质改善。爬行可以放松腰部，增大脊椎间隙，减少椎间盘压力，避免腰椎和腰背部肌肉过度疲劳。起到放松肌肉、锻炼腰脊肌肉、治防腰椎疾患的发生等作用。

（二）爬行减肥注意事项

许多研究说，人模仿动物那样以四肢爬行，能促进全身血循环，可使全身重量分散到四肢，减轻腰部的负担，从而练防腰椎等部位的疾患。但这只是看到了问题的一面。实际上，在人类站立行走并以双手劳动的演化进程中，上肢支撑躯体重力的功能已大为退化，若以双手爬行于地，支撑重力，会加重手腕及双臂等负担，尤其是五指和腕部承重力增大，会对指关节、腕肌腱、韧带增加额外的压力，使手指和手腕等关节发生病变，引起劳损性疼痛，或是患挠骨茎突狭窄性腱鞘炎等。所以，在进行爬行减肥锻炼时要特别注意爬行的方法和预防受伤。比如练前的热身，练后的放松和自我保健按摩；爬行的时间和爬行的距离都要因人而异。而且，在进行爬行减肥锻炼时，还应特别注意：

1. 在进行爬行减肥时要先热身后运动。在爬行前进行 5 ~ 10 分钟的腰、背、四肢的热身运动。尤其是肘关节、腕关节、踝关节等。

2. 爬行减肥时，戴上护膝、护肘、手套等必要的工具，穿戴宽松衣服，防止硬物划伤，选择比较平坦宽敞柔软的地方，清理好场地（在家里选择木质地板，或铺上地毯）这样防止吸入灰尘异物和避免受伤。

3. 爬行减肥要循序渐进，持之以恒。每个人根据自身不同情况，确定合适的爬行距离，由短增长，速度由慢变快。爬行的阶段时间和总时间由少变多。（但每天爬行时间不可少于 10 分钟）爬行时注意手肘、腰腹部、腿的协调充分使用，用力均匀，节奏平缓，速度不宜过快达到训练效果。

4. 手、足、膝等有破损或严重感染者；手术后伤口未痊愈者；患有严重的高血压、心脏病等心血管疾患或者贫血病患者、急性病发作患者、骨质疏松、肿瘤患者等都不适宜做爬行。体力较差的中老年人或孕妇也要注意爬行过程中不宜过于劳累，注意安全。

5. 在时间上，饭前、饭后不宜立即做爬行运动，以免影响消化系统。一般以餐后至少过 30 分钟以后再做爬行运动较为适宜。

6. 早上、晚上、工间休息等均可就地爬行几圈，只需几分钟时间。练习爬行时，直线向前、向后或转圈均可。爬行的速度宜慢，爬幅宜小，重复2~3次，间歇1~2分钟。一般每天锻炼1次，每次至少10至20分钟。每周最好能爬行4~5次。

三、练防肥胖的常见爬行方式与方法

随着现代化生活水平的提高，肥胖的患者越来越多，每年正以极高的速度增长。对于肥胖的治疗方法有很多，但目前最安全的方式当属运动治疗。据目前的研究，爬行锻炼对治疗肥胖更是一种好方式。因此，在进行爬行肥胖的过程中，应以循序渐进，切忌不可剧烈运动。通常，心率应保持在150次/分钟以下，一般根据不同的年龄，心率保持在110~130次/分钟为佳，或以身体微汗，不感到疲劳，运动后自感身体轻松为准，每周坚持活动不少于4~5天。相对较为合适的爬行减肥锻炼可在地面、跑步机、爬行器等环境中进行，其不同的方式也可按锻炼者的各自喜好自由组合。对有利于减肥的爬行方式及运动量安排如下：

（一）地面爬行方式与方法

1. 跪爬（参见第五章图5－1－1）。运动基础一般的人采用。

（1）动作方式：此练习的运动要领和主要锻炼肌肉参见第五章第一节。

（2）运动量安排：以下运动量可根据各减肥者的实际情况作适当的时间调整。

体质较弱者：热身运动5′~10′；10M×2组；15M×2组；20M×1组；25M×1组；10M×1组；放松活动5′~10′。

体质一般者：热身运动5′~10′；20M×2组；25M×2组；30M×1组；40M×1组；20M×1组。放松活动5′~10′。

体质较强者：热身运动5′~10′；20M×2组；30M×2组；40M×1组；50M×1组；20M×1组；放松活动5′~10′。

（3）爬行注意事项：每组之间的间隙时间一般约为1′~2′；运动量以减肥者第二天起床感觉不疲劳为合适；如果第二天感觉疲劳那各组的爬行距离可减5~10M；若按以上运动量完成后感觉还有体力，可自行再增加爬行距离。

2. 熊爬（参见第五章图5－1－2）。运动基础较好的减肥者采用。

（1）动作方式：此练习的运动要领和主要锻炼肌肉参见第五章第一节。

（2）运动量安排：以下运动量可根据各减肥者的实际情况作适当的距离调整。

体质较弱者：热身运动5′~10′；10M×2组；15M×2组；20M×1组；25M×1组；10M×1组；放松活动5′~10′。

体质一般者：热身运动5′~10′；20M×2组；25M×2组；30M×1组；40M×1组；20M×1组。放松活动5′~10′。

体质较强者：热身运动5′~10′；20M×2组；30M×2组；40M×1组；50M×1组；20M×1组；放松活动5′~10′。

（3）爬行注意事项：每组之间的间隙时间一般约为1′~2′；运动量以减肥者第二天起床感觉不疲劳为合适；如果第二天感觉疲劳那各组的爬行距离可减5~10M；若按以上运动量完成后感觉还有体力，可自行再增加爬行距离。

（二）跑步机上爬行方式与方法

1. 跑步机跪爬（参见第五章图5－2－1）。此练习一般适合平时缺乏运动的减肥者锻炼；年龄较大的人不宜此运动。

（1）动作方式：此练习的运动要领和主要锻炼肌肉参见第五章第二节。

（2）运动量安排：以下运动量可根据各减肥者的实际情况作适当的时间调整。

体质较弱者（以最低速度爬行）：热身运动5′~10′；1′×2组；1.30′×2组；2′×2组；2.30′×1组；3′×1组；1′×1组；放松活动5′~10′。

体质一般者（以次最低速度爬行）：热身运动 5′~10′；1′×2 组；1.30′×2 组；2′×2 组；2.30′×2 组；3.30′×1 组；1′×1 组；放松活动 5′~10′。

体质较强者（以次最低速度爬行）：热身运动 5′~10′；2′×2 组；2.30′×2 组；3′×2 组；3.30′×2 组；4′×1 组；1′×1 组；放松活动 5′~10′。

（3）爬行注意事项：每组之间的间隙时间一般约为 1′~2′；运动量以减肥者第二天起床感觉不疲劳为合适；如果第二天感觉疲劳那各组的爬行时间可减 10″~30″；若按以上运动量完成后感觉还有体力，可自行再增加爬行时间或爬行组数。

2. 跑步机熊爬（参见第五章图 5-2-2）。此练习一般适合平时经常运动的减肥者锻炼；年龄较大的人和不经常运动者不宜此运动。

（1）动作方式：此练习的运动要领和主要锻炼肌肉参见第五章第二节。

（2）运动量安排：以下运动量可根据各减肥者的实际情况作适当的时间调整。

体质较弱者（以最低速度爬行）：热身运动 5′~10′；1′×2 组；1.30′×2 组；2′×2 组；2.30′×1 组；3′×1 组；1′×1 组；放松活动 5′~10′。

体质一般者（以次最低速度爬行）：热身运动 5′~10′；1′×2 组；1.30′×2 组；2′×2 组；2.30′×2 组；3.30′×1 组；1′×1 组；放松活动 5′~10′。

体质较强者（以次最低速度爬行）：热身运动 5′~10′；2′×2 组；2.30′×2 组；3′×2 组；3.30′×2 组；4′×1 组；1′×1 组；放松活动 5′~10′。

（3）爬行注意事项：每组之间的间隙时间一般约为 1′~2′；运动量以减肥者第二天起床感觉不疲劳为合适；如果第二天感觉疲劳那各组的爬行时间可减 10″~30″；若按以上运动量完成后感觉还有体力，可自行再增加爬行时间或爬行组数。

（三）爬行器上爬行方式与方法

1. 爬行器跪式爬行（参见第五章图 5－3－1）。此练习适合平时缺乏运动的全身减肥者或老年人锻炼。

（1）动作方式：此练习的运动要领和主要锻炼肌肉参见第五章第三节。

（2）运动量安排：以下运动量可根据各减肥者的实际情况作适当的时间调整。

体质较弱者（不用助力带，以 1/2 拍速度爬行）：热身运动 5′～10′；1′×2 组；1.30′×2 组；2′×2 组；2.30′×1 组；3′×1 组；1′×1 组；放松活动5′～10′。

体质一般者（用一条助力带，以 1/4 拍速度爬行）：热身运动 5′～10′；1′×2 组；1.30′×2 组；2′×2 组；2.30′×1 组；3.30′×1 组；1′×1 组；放松活动 5′～10′。

体质较强者（用二条助力带以 1/4 拍速度爬行）：热身运动 5′～10′；2′×2 组；2.30′×2 组；3′×2 组；3.30′×2 组；4′×1 组；1′×1 组；放松活动5′～10′。

（3）爬行注意事项：每组之间的间隙时间一般约为 1′～2′；运动量以减肥者第二天起床感觉不疲劳为合适；如果第二天感觉疲劳那各组的爬行时间可减 10″～30″；若按以上运动量完成后感觉还有体力，可自行再增加爬行时间或爬行组数。

2. 爬行器熊式爬行（参见第五章图 5－3－2）。此练习一般适合平时经常运动的全身减肥者锻炼；年龄较大的人和不经常运动者不宜此运动。

（1）动作方式：

此练习的动作要领和主要锻炼肌肉参见第五章第三节。

（2）运动量安排：

以下运动量可根据各减肥者的实际情况作适当时间调整。

体质较弱者（不用助力带，以 1/2 拍速度爬行）：热身运动 5′～10′；1′×2 组；1.30′×2 组；2′×2 组；2.30′×1 组；3′×1 组；放松活动

5′~10′。

体质一般者（用一条助力带，以 1/4 拍速度爬行）：热身运动 5′~10′；1′×2 组；1.30′×2 组；2′×2 组；2.30′×2 组；3.30′×1 组；1′×1 组；放松活动 5′~10′。

体质较强者（用二条助力带以 1/4 拍速度爬行）：热身运动 5′~10′；2′×2 组；2.30′×2 组；3′×2 组；3.30′×2 组；4′×1 组；放松活动 5′~10′。

（3）爬行注意事项：每组之间的间隙时间一般约为 1′~2′；运动量以减肥者第二天起床感觉不疲劳为合适；如果第二天感觉疲劳那各组的爬行时间可减 10″~30″；若按以上运动量完成后感觉还有体力，可自行再增加爬行时间或爬行组数。

3. 爬行器交替腿收（参见第五章图 5－3－3）。此练习适合以腹部和腿部为主要减肥内容的锻炼者。

（1）动作方式：此练习的运动要领和主要锻炼肌肉参见第五章第三节。

（2）运动量安排：以下运动量可根据各减肥者的实际情况作适当的时间调整。

体质较弱者（不用助力带，以 1/2 拍速度爬行）：热身运动 5′~10′；1′×2 组；1.30′×2 组；2′×2 组；2.30′×1 组；3′×1 组；放松活动 5′~10′。

体质一般者（用一条助力带，以 1/4 拍速度爬行）：热身运动 5′~10′；2′×2 组；2.30′×2 组；3′×2 组；3.30′×1 组；4′×1 组；放松活动 5′~10′。

体质较强者（用二条助力带以 1/4 拍速度爬行）：热身运动 5′~10′；2′×2 组；3′×2 组；4′×2 组；4.30′×1 组；5′×1 组；放松活动 5′~10′。

（3）爬行注意事项：每组之间的间隙时间一般约为 1′~2′；运动量以减肥者第二天起床感觉不疲劳为合适；如果第二天感觉疲劳那各组的爬行时间可减 10″~30″；若按以上运动量完成后感觉还有体力，可自行再增加爬行时间或爬行组数。

4. 爬行器跪撑髋交替屈伸（参见第五章图5－3－5）。以练习适合腹部减肥者锻炼。

（1）动作方式：此练习的运动要领和主要锻炼肌肉参见第五章第三节。

（2）运动量安排：以下运动量可根据各减肥者的实际情况作适当的时间调整。

体质较弱者（不用助力带，以1/2拍速度爬行）：热身运动5′～10′；1′×2组；1.30′×2组；2′×2组；2.30′×1组；3′×1组；放松活动5′～10′。

体质一般者（用一条助力带，以1/4拍速度爬行）：热身运动5′～10′；2′×2组；2.30′×2组；3′×2组；3.30′×1组；4′×1组；放松活动5′～10′。

体质较强者（用二条助力带以1/4拍速度爬行）：热身运动5′～10′；2′×2组；3′×2组；3.30′×2组；4′×1组；4.30′×1组；放松活动5′～10′。

（3）爬行注意事项：每组之间的间隙时间一般约为1′～2′；运动量以减肥者第二天起床感觉不疲劳为合适；如果第二天感觉疲劳那各组的爬行时间可减10″～30″；若按以上运动量完成后感觉还有体力，可自行再增加爬行时间或爬行组数。

5. 爬行器跪撑髋屈伸（参见第五章图5－3－6）。此练习适合腹部减肥者锻炼。

（1）动作方式：此练习的运动要领和主要锻炼肌肉参见第五章第三节。

（2）运动量安排：以下运动量可根据各减肥者的实际情况作适当的时间调整。

体质较弱者（不用助力带，以1/2拍速度爬行）：热身运动5′～10′；1′×2组；1.30′×2组；2′×2组；2.30′×1组；3′×1组；放松活动

5′~10′。

体质一般者（用一条助力带，以1/4拍速度爬行）：热身运动5′~10′；2′×2组；2.30′×3组；3′×2组；3.30′×1组；4′×1组；放松活动5′~10′。

体质较强者（用二条助力带以1/4拍速度爬行）：热身运动5′~10′；2′×2组；3′×3组；4′×2组；4.30′×1组；5′×1组；放松活动5′~10′。

（3）爬行注意事项：每组之间的间隙时间一般约为1′~2′；运动量以减肥者第二天起床感觉不疲劳为合适；如果第二天感觉疲劳那各组的爬行时间可减10″~30″；若按以上运动量完成后感觉还有体力，可自行再增加爬行时间或爬行组数。

6. 爬行器展团腹背（参见第五章图5-3-9）。此练习适合腹部减肥者锻炼。

（1）动作方式：此练习的运动要领和主要锻炼肌肉参见第五章第三节。

（2）运动量安排：以下运动量可根据各减肥者的实际情况作适当的时间调整。

体质较弱者（不用助力带，以1/2拍速度爬行）：热身运动5′~10′；1′×2组；1.30′×2组；2′×2组；2.30′×1组；3′×1组；放松活动5′~10′。

体质一般者（用一条助力带，以1/4拍速度爬行）：热身运动5′~10′；2′×2组；2.30′×2组；3′×2组；3.30′×1组；4′×1组；放松活动5′~10′。

体质较强者（用二条助力带以1/4拍速度爬行）：热身运动5′~10′；2′×2组；3′×2组；3.30′×2组；4′×1组；4.30′×1组；放松活动5′~10′。

（3）爬行注意事项：每组之间的间隙时间一般约为1′~2′；运动量以减肥者第二天起床感觉不疲劳为合适；如果第二天感觉疲劳那各组的爬行时间可减10″~30″；若按以上运动量完成后感觉还有体力，可自行再增加爬行时间或爬行组数。

四、练防腰腹肥胖的爬行锻炼课程案例

案例一：中年女老板每天爬行半小时，十天减体重 4 公斤

据网上相关所道：女老板周某，49 岁，原先体重 150 多斤，在坚持每天爬行半个小时，每次爬行 10 分钟后，半个月时间左右，腰围从二尺七减到二尺四，腰腹部脂肪减少，体重减 4 公斤。现体重为 139 斤。

周某的爬行方式属于跪撑爬行，姿势是两手撑地，交替向前爬行进行重复。用掌、膝爬行。周某属于中年女性，随着年龄的增长，身体的新陈代谢变慢，腰腹部脂肪堆积。进行爬行运动，对腰腹部脂肪进行分解作用，锻炼腰腹部肌肉。同时爬行运动的时间有 30 分钟及其以上，脂肪消耗能量增多，肌肉对血液中脂肪酸和葡萄糖的利用增多，脂肪细胞缩小变瘦，葡萄糖转化为脂肪的热量也减少，从而达到减肥的目的。但是爬行速度不宜太快，幅度不能过大，要持之以恒，而且要加之以合理的饮食结构，良好的生活休息习惯，才能有良好的效果。

案例二：老人每天爬行 300 米，既治愈腰椎间盘突出也减肥

胡某：年逾花甲的老人，2006 年 5 月，一次提取重物不慎，扭伤了腰，致左下肢直至脚趾头呈放射性发麻。不管是坐着、站着，还是行走、骑自行车，左下肢都有麻麻的感觉。经腰椎 CT 检查，显示第 4 至第 5 腰椎椎间盘向左后方突出，压迫相应硬膜囊及神经根。

后来胡某受《动物世界》影响开始爬行运动，在做完保健操和太极拳后进行爬行，在爬行过程中，有时双腿弯曲身板放平着爬，有时屁股翘起双腿伸直着爬，爬行时腰臀部位要左右摆动。大约每爬行 30 米左右便坐下休息片刻，后再伏下身子继续爬行，就这样爬歇交替，每天坚持爬行 300 米左右。每次结束爬行动作后，都稍坐片刻再缓慢起立。大约经历了 20 天左右的爬行和吊单杠，左下肢的发麻感觉渐轻了，时而毫无感觉。

家务活照常干，只是注意不再提取重物了。经过大半年的爬行运动，不仅左下肢不麻了，多年的左肩周炎也在爬行中好了，两年前隆起的小腹也渐渐平坦了。没想到爬行运动不仅锻炼了脊椎，也锻炼了四肢关节和肌肉，还能减肥。

第八章

爬行对心脑疾患的练防

随着现代医药科学的迅速发展，人类与疾患斗争的方法与手段越来越先进，不少曾经严重威胁着人类生命的烈性传染病得到有效的控制。然而，就在人类不断取得与致病性细菌斗争胜利的同时，由于生态环境的改变，以及生活、饮食的改变，酿生了不少新的疾患，或是使许多原来不甚多发的疾患而迅速蔓延开来。因此，时至今日，人类生命的主要威胁已同原来的各种急性传染疾患逐渐让位于因人类不良生活习惯及生态环境破坏所导致的疾患。这一新的变化给现代的预防及医疗卫生工作提出了新的课题。

对许多现代疾患的练防，仅仅靠医药工作者努力是远远不够的，还必须让广大人民群众加入到与疾患斗争的行列，自觉地预防疾患，控制疾患的发生与发展，这样才能更好地控制疾患的发病率及病死率。为此，就必须切实加强对广大人民群众健康意识和运动意识的宣传教育工作。在广大群众中普及体育锻炼基本知识，让群众了解常见病、多发病一般发病规律、练防与调养的基本常识等。这样，就有可能使未发病的健康人群自觉地进行体育锻炼，以降低发病率；也使已患有某些疾患的人群懂得如何主动配合医生进行治疗与调养，防止疾患进一步恶化发展，加速康复痊愈过程，从而有效降低病死率与病残率。因此，社会越是发展，经济生活水平越是提高，就越是需要广大人民群众掌握必要的体育锻炼基本知识，自觉地加强自我防护，使预防为主、群防群治的工作真正落在实处。只有这样，才能使人民群众的健康水平伴随着社会的发展、文明进步而不断提高。

心脑血管疾患就是心脏血管和脑血管的疾患统称。也被称为“富贵病”的“三高症”。60岁以上老年人中40%～45%患有高血压的同时还患有高血糖或高血脂，根据卫生部2013年统计数字显示，50%左右的糖尿病人都合并有高血压、高血脂等多种老年疾患。心脑血管疾患具有“发病率高、致残率高、死亡率高、复发率高，并发症多”即“四高一多”的特点，目前，我国心脑血管疾患患者已经超过2.7亿人，每年死于心脑血管疾患近300万人，占每年总死亡病因的51%[15]。

有心血管类疾患的患者适合“跪姿爬行”。跪姿爬行法以膝盖着地，两脚踝呈跖屈位，两手向前，双臂微屈，肩关节呈前屈位，其姿势类似于跪地擦地板。向前运动时，一侧臀大肌发力，同时同侧腰部肌肉积极收缩，以拉伸对侧腰肌，大腿跟进同时对侧上肢向前迈爬行时两手两膝着地，头抬起，手、膝变替依次爬行。“跪爬”强度较小，能坚持较长时间。跪爬可增加头部的血液供给，改善心血管机能；同时，跪姿爬行运动对降血压有一定帮助，也是一种“血管操”。爬行时身体呈水平状态，血液流动从竖向转为横向，血氧可直供大脑，血液回流舒畅可为心脏减负，对高血压、脑血栓、脑供血不足有好处。另外，爬行通过训练肢体协调与神经反应，也有利于改善脑中风者动作迟缓、语言不畅的状况。对于心脑血管患者而言，运动量应循序渐进。

一、爬行对心脑疾患的影响

（一）爬行时大脑与心脏基本呈水平状，可使血氧顺畅供应大脑

大脑在人体的最高位置，重力的原因使心脏向上泵血相对困难，易出现因供氧不足而出现头昏、眼花。爬行时大脑或与心脏平行，心脏横向泵血，血氧可顺畅供应大脑。而且下肢血液回流顺畅，也相对增加了对大脑的供血供氧。爬行锻炼后，会感觉神清气爽，有头痛病的患者通过爬行锻炼，得到有效缓解及治愈。由于四肢并用，使相对应的大脑左右半球都能得到均衡的锻炼，并可防老年痴呆症的发生。

（二）爬行可练防某些心脑血管疾患

人体直立后，血液的70%低于心脏部位，心脏负担较重。爬行时，身体呈水平状态，血液回流心脏畅，减少了心脏的负担，促使心脏搏出更多血液量，维持血压正常。因此，爬行对心脏和大脑的主要影响包括：

1. 对脑力劳动者的练防。人在爬行时，大脑与心脏处在水平线上，明显对脑部的血液循环有好处。对脑力劳动者来说，爬上一阵子，锻炼者便会感到脑子清醒，双眼明亮。爬行时，人的体重压力更为均匀分散，腰部、腿部的压力明显减轻。爬行，也使上肢得到锻炼，双手手掌着地与脚掌一样活动，对所有用手的脑力和体力劳动者均有益处。

2. 对常见心血管疾患的练防。据研究，爬行动物的血液循环比直立行走的人更为流畅。所以，爬行能练防动脉硬化，减少心肌梗塞、大脑供血不足及脑血管栓塞等疾患的发生。爬行还能加快冠状动脉的血液循环，避免腰椎、颈椎和腰背部肌肉的过度疲劳。每天坚持几分钟爬行练习，腹部和腰部肌肉还会明显结实，弹性大大增强，个别人的腰椎、颈椎错位也能得到纠正。

二、爬行练防心脑疾患的锻炼与注意事项

（一）高血压病者爬行锻炼注意事项

1. 掌握合适的运动频次。运动频次可根据个人对运动的反应，采用每周3次或隔日1次，或每周5次等进行锻炼。一般认为，若每周低于两次效果不明显。若每天运动，则每次运动量不可过大，以运动后第二天感觉精力充沛、无不适感为宜。

2. 高血压合并患者不宜参加爬行锻炼。高血压病患者如合并有严重心律失常、心动过速、脑血管痉挛，有眩晕、头痛、恶心、呕吐等症状，明显的心绞痛、功能失代偿者，不宜进行爬行运动。出现下列症状之一者禁忌进行康复运动：未控制的过高血压210/110毫米汞柱或对运动出现异常反应者，包括稍运动即出现血压过高反应，特别是舒张压升高至130毫米汞柱者。

3. 高血压患者需在医生指导下进行爬行锻炼。高血压病患者在进行运动锻炼时，注意不要做动作过猛的低头弯腰、体位变化幅度过大以及用力憋气的动作，以免发生意外。患高血压伴有多种慢性病的老年人，运动锻炼时更应注意，最好在医生指导下进行。

（二）冠心病患者爬行锻炼注意事项

对于冠心病患者而言，进行爬行锻炼更要讲究科学性。一些常规的运动习惯不一定科学。早晨冠状动脉张力高，交感神经兴奋性也较高，无痛性心肌缺血、心绞痛、急性心肌梗死发作以及猝死发病也多在早晨6时至中午12时，因此应尽量选择下午或晚上活动为妥。如在清晨进行锻炼，运动量应尽量小一些，空腹更是不合适。

1. 应该在原来活动量的基础上慢慢提高。运动要循序渐进，不能一下子做剧烈运动。运动量要由小到大，动作要缓慢有节律，尽量避免速度过快、憋气和腹压过高的运动，如举重、摔跤等，以免心脏负担过重。

2. 不宜参加竞赛性活动。要学会根据运动中的自我感觉、运动后的心率变化，控制自身的运动量。

3. “生命在于运动”，但生命更在于平衡，它体现了生命运动的根本规律。从老年人的客观实际出发，运动应量力而行，恰到好处，做到动静结合，阴阳协调平衡，才能达到最佳点。如过犹不及，失去平衡，则会走向反面。

4. 要经医生检查同意后才可开始锻炼，遇有心绞痛频繁发作，或休息时也有疼痛、难以控制的心律失常，合并有较严重的高血压，失代偿性心力衰竭等任何一种情况，都不宜参加锻炼。

5. 耐力性的运动项目，要有5分钟以上的准备运动和约5分钟的恢复运动。运动过程中如出现气促、轻度眩晕感，应增加间歇休息时间，减少运动量。冠心病患者既要坚持锻炼，又要严格掌握一个“度”，使供血量和需血量相平衡。运动不足和运动过量，对疾患恢复都没有好处，最好在医生指导下运动。

6. 人在安静状态下，心肌每分钟需要300毫升左右的血液供应；剧烈的体力活动，心肌每分钟需要的最大血量达 2000 毫升左右。可见，超负荷的运动量极易导致心脑血管急剧缺氧、缺血，可能造成急性心肌梗死或脑梗死。因此，冠心病患者在参加各种运动时，需在医生指导下事先服药预防，或者在医生的指导下运动。

（三）糖尿病患者爬行锻炼注意事项

1. 在运动中应注意运动量由小到大、循序渐进，每天 1 ~ 2 次，每次不超过 30 分钟，避免过度疲劳。

2. 应在早、午饭 30 分钟后进行为宜，因为此时血糖浓度较高，运动可起到降低血糖作用，但是重度糖尿病患者不宜进行运动疗法。

3. 运动要适量，要注意适可而止，以免运动过量，反而影响健康，以中小运动量为宜。避免过分剧烈的运动，避免可能引发血压急剧升高或者造成心、脑血管意外的运动方式，比如强烈对抗性运动、登梯爬高、用力过猛的运动和倒立性运动等。

4. 运动应持之以恒，锻炼时应定期检查血糖和尿糖，随时观察身体的反应，以便及时掌握和调整运动量。避免在空腹时进行运动，以免引起低血糖。

（四）高血脂症患者爬行锻炼注意事项

1. 高血脂症患者要特别注意在运动过程中和运动后的自身感觉，如出现严重呼吸困难、前胸压迫感、头昏眼花、面色苍白等现象，应立即停止运动，有可能的话应平卧休息。高血脂患者如无其他并发症应保持中等强度运动量，即每天达到慢跑 3 ~ 5 千米的运动量。

2. 对合并有轻度高血压、肥胖、糖尿病和无症状性冠心病等疾患的患者应自行掌握，以锻炼时不发生明显的身体不适为原则，必要时应在医生监护下进行。对伴有重度高血压、严重心脏病、严重糖尿病以及严重肝肾功能不全者，应禁止运动。

（五）中风后遗症患者爬行锻炼宜忌

中风后的锻炼宜采用分段运动。如：

1. 第一阶段除了做瘫痪肢体按摩和被动运动外，应逐步进行活动：

（1）中风后遗症患者用健肢协助患者患肢进行握拳及手指、足趾的屈伸等各种活动。

（2）坐起练习。在他人协助下起床、坐起，逐步过渡到独立起坐，再过渡到扶物起立及站立。

2. 第二阶段训练中风后遗症患者恢复步行，并进行上肢锻炼。

（1）对中风后遗症患者恢复步行，并进行上肢锻炼；

（2）进行患肢主动练习，如握小球，打绳结；

（3）在别人扶持下站立，摆动身体；

（4）两腿轮流负重，再过渡到踏步、扶拐走步。

3. 第三阶段恢复中风后遗症患者日常生活技能，包括各种复杂步行练习，走上下斜坡、爬楼梯，进行较长距离步行。在此基础上，进一步加强肌肉的协调动作，进行各种其他运动。

（六）爬行锻炼宜忌

1. 爬行前，要先活动一下四肢，特别是肘关节、腕关节、膝关节、踝关节等。开始爬行时，身体保持水平状态，不要着急，让身体有一个适应过程。注意双手的应用，不要把重量都压在膝关节。爬行中，抬头四处张望，让颈部也得到活动。每天锻炼 1 至 3 次，每次 10 至 20 分钟。

2. 人体直立时，心脏要推动血液循环，就要克服血液的重力影响。而且人在直立运动时，下肢是主要活动器官，血液会更多地分配到下肢，心脏及其以上的器官血供减少。与此相比，爬行时由于心脏及其以上部位位置的降低，有利于全身的血液循环，对练防心血管疾患有积极作用。爬行时头部经常得以下垂，血流量增加，能有效地改善大脑的血液循环。

3. 爬行是很好的有氧运动当手臂向前伸展、横膈膜拉开的时候，会吸入大量氧气，当下肢向上移动时，横膈被压缩，促进肺部排出大量废气。爬行促进呼吸功能吸气、呼气的协调，要靠爬行时移动的方式来调节，爬得越快，所进行的深呼吸越多。爬行可促进脑前庭的平衡系统爬行时，特别是手足爬行时，需要脑前庭平衡系统的参与以维持身体的平衡，使其得到锻炼并加强。

4. 每次爬行运动前应做5至10分钟腰、背、四肢的热身运动，然后在铺有地毯的地板、草地或较松软清洁的地面进行。爬行前须佩戴护膝、护肘和手套，防止硬物划伤摩擦，穿衣宜宽松。

5. 爬行应根据个人身体状况来确定适合自己的距离。每爬行5至10分钟，宜俯在地上休息1至2分钟，再继续。初期，每天爬行宜短途，之后可根据自身的身体状况循序渐进，逐渐加快爬行速度和延长总的锻炼时间，但中老年人每天爬行的时间不宜超过30分钟。

6. 爬行运动可增加头部的血液供给。进行爬行运动时。人的身体与地面处于平行状态，头部及整个躯体都在同一水平位，所承受的地球引力是一样的，这种姿势，对全身的血液循环十分有利。从猿到人的进化中。人类由爬行变成了直立状态，大脑及心脏的位置也相应升高，尤其头部处在心脏上面。给头部供血造成了一定的困难。由于地心引力的作用，心脏除克服血液在血管中的摩擦阻力之外，还要克服血液本身的重力，才能推动血液的循环。

7. 爬行运动可使心肌纤维变粗，心脏收缩力增强，心率减慢，排血量增加。现代人缺乏运动，心脏功能相对较差，出现诸多的头部疾患。而爬行运动有助于改善心肌代谢，提高心肌工作能力，心收缩力得以加强，改善了肥胖者心血管系统对体力负荷的适应能力，减轻心脏负担。特别是对冠状动脉作用明显，使其管腔增大、管壁弹性增强，从而使心脏本身的血液供给得到改善，使心脏和整个循环系统的功能处于良好的状态。坚持爬行运动还能有效地降低单位时间的心跳次数，因为心脏功能的增强，每收缩一次所输出的血液量增加，所以尽管心跳次数减少，而供血和供氧量却没有减少。

三、练防心脑疾患的常见爬行方式与方法

心脑疾患的患者以老年人居多，不过随着现代化生活水平的提高，青年人也有较高的比例患有心脑疾患。对于心脑疾患的运动治疗，应以

循序渐进的方法，切忌不可剧烈运动，心率应保持在150次/分钟以下，一般保持在100～120次/分钟，或以身体微汗，不感到疲劳，运动后自感身体轻松为准，每周坚持活动不少于2～3天。相对较为合适的爬行锻炼可在地面、跑步机、爬行器等环境中进行，其不同的方式可按锻炼者的各自喜好自由组合。对有利于心脑疾患的爬行方式及运动量安排如下：

（一）地面爬行方式与方法

1. 跪爬（图5－1－1）

（1）动作方式：此练习的运动要领和主要锻炼肌肉参见第五章第一节。

（2）运动量安排：以下运动量可根据各锻炼者的实际情况作适当的距离调整。

体质较弱者：热身运动5′～10′；10M×2组；15M×3组；20M×2组；放松活动5′～10′。

体质一般者：热身运动5′～10′；20M×2组；25M×3组；30M×2组；放松活动5′～10′。

体质较强者：热身运动5′～10′；20M×2组；30M×3组；40M×2组；放松活动5′～10′。

（3）爬行注意事项：每组之间的间隙时间一般约为2′～3′；运动量以锻炼者第二天起床感觉不疲劳为合适；如果第二天感觉疲劳，应休息一天，或各组的爬行距离可减5M；若按以上运动量完成后感觉还有体力，可自行再增加爬行距离。

2. 熊爬（参见第五章图5－1－2）

（1）动作方式：此练习的运动要领和主要锻炼肌肉参见第五章第一节。

（2）运动量安排：以下运动量可根据各锻炼者的实际情况作适当的距离调整。

体质较弱者：热身运动5′～10′；10M×2组；15M×2组；20M×1

组；25M ×1 组；放松活动 5′~10′。

体质一般者：热身运动 5′~10′；20M ×2 组；25M ×2 组；30M ×1 组；40M ×1 组；放松活动 5′~10′。

体质较强者：热身运动 5′~10′；20M ×2 组；30M ×2 组；40M ×1 组；50M ×1 组；放松活动 5′~10′。

（3）爬行注意事项：每组之间的间隙时间一般约为 2′~3′；运动量以锻炼者第二天起床感觉不疲劳为合适；如果第二天感觉疲劳，应休息一天，或各组的爬行距离可减 5M；若按以上运动量完成后感觉还有体力，可自行再增加爬行距离。

3. 匍匐爬行（参见第五章图 5-1-3）

（1）动作方式：此练习的运动要领和主要锻炼肌肉参见第五章第一节。

（2）运动量安排：以下运动量可根据各锻炼者的实际情况作适当的距离调整。

体质较弱者：热身运动 5′~10′；10M ×2 组；15M ×2 组；20M ×1 组；15M ×1 组；放松活动 5′~10′。

体质一般者：热身运动 5′~10′；20M ×2 组；25M ×2 组；30M ×1 组；25M ×1 组；放松活动 5′~10′。

体质较强者：热身运动 5′~10′；20M ×2 组；30M ×2 组；40M ×1 组；25M ×2 组；放松活动 5′~10′。

（3）爬行注意事项：每组之间的间隙时间一般约为 2′~3′；运动量以锻炼者第二天起床感觉不疲劳为合适；如果第二天感觉疲劳，应休息一天，或各组的爬行距离可减 5M；若按以上运动量完成后感觉还有体力，可自行再增加爬行距离。

（二）跑步机上爬行方式与方法

1. 跑步机跪爬（图 5-2-1）

（1）动作方式：此练习的运动要领和主要锻炼肌肉参见第五章第二节。

（2）运动量安排：以下运动量可根据各锻炼者的实际情况作适当的时间调整。

体质较弱者（以最低速度爬行）：热身运动5′~10′；1′×2组；1.30′×2组；2′×2组；1′×1组；放松活动5′~10′。

体质一般者（以次最低速度爬行）：热身运动5′~10′；1′×2组；1.30′×2组；2′×2组；2.30′×1组；1′×1组；放松活动5′~10′。

体质较强者（以次最低速度爬行）：热身运动5′~10′；2′×2组；2.30′×2组；3′×2组；3.30′×1组；1′×1组；放松活动5′~10′。

（3）爬行注意事项：每组之间的间隙时间一般约为1′~2′；运动量以锻炼者第二天起床感觉不疲劳为合适；如果第二天感觉疲劳，可休息一天，或各组的爬行时间可减10″~30″；若按以上运动量完成后感觉还有体力，可自行再增加爬行时间或爬行组数。

2. 跑步机熊爬（参见第五章图5-2-2）

（1）动作方式：此练习的运动要领和主要锻炼肌肉参见第五章第二节。

（2）运动量安排：以下运动量可根据各锻炼者的实际情况作适当的时间调整。

体质较弱者（以最低速度爬行）：热身运动5′~10′；1′×2组；1.30′×2组；2′×1组；2.30′×1组；1′×1组；放松活动5′~10′。

体质一般者（以次最低速度爬行）：热身运动5′~10′；1′×2组；1.30′×2组；2′×2组；2.30′×2组；1′×1组；放松活动5′~10′。

体质较强者（以次最低速度爬行）：热身运动5′~10′；2′×2组；2.30′×2组；3′×2组；3.30′×1组；1′×1组；放松活动5′~10′。

（3）爬行注意事项：每组之间的间隙时间一般约为1′~2′；运动量以锻炼者第二天起床感觉不疲劳为合适；如果第二天感觉疲劳，可休息一天，或各组的爬行时间可减10″~30″；若按以上运动量完成后感觉还有体力，可自行再增加爬行时间或爬行组数。

（三）爬行器上爬行方式与方法

1. 爬行器跪式爬行（图5－3－1）

（1）动作方式：此练习的运动要领和主要锻炼肌肉参见第五章第三节。

（2）运动量安排：以下运动量可根据各锻炼者的实际情况作适当的时间调整。

体质较弱者（不用助力带，以1/2拍速度爬行）：热身运动5′～10′；1′×2组；1.30′×2组；2′×1组；2.30′×1组；1′×1组；放松活动5′～10′。

体质一般者（用一条助力带，以1/4拍速度爬行）：热身运动5′～10′；1′×2组；1.30′×2组；2′×2组；2.30′×1组；1′×1组；放松活动5′～10′。

体质较强者（用二条助力带以1/4拍速度爬行）：热身运动5′～10′；2′×2组；2.30′×2组；3′×2组；3.30′×1组；1′×1组；放松活动5′～10′。

（3）爬行注意事项：每组之间的间隙时间一般约为1′～2′；运动量以锻炼者第二天起床感觉不疲劳为合适；如果第二天感觉疲劳，可休息一天，或各组的爬行时间可减10″～30″；若按以上运动量完成后感觉还有体力，可自行再增加爬行时间或爬行组数。

2. 爬行器熊式爬行（参见第五章图5－3－2）

（1）动作方式：此练习的运动要领和主要锻炼肌肉参见第五章第三节。

（2）运动量安排：以下运动量可根据各锻炼者的实际情况作适当的时间调整。

体质较弱者（不用助力带，以1/2拍速度爬行）：热身运动5′～10′；1′×1组；1.30′×2组；2′×2组；2.30′×1组；放松活动5′～10′。

体质一般者（用一条助力带，以1/4拍速度爬行）：热身运动5′～10′；1′×1组；2′×2组；2.30′×2组；3′×1组；放松活动5′～10′。

体质较强者（用二条助力带以 1/4 拍速度爬行）：热身运动 5′～10′；2′×1 组；2. 30′×2 组；3′×2 组；3. 30′×1 组；放松活动 5′～10′。

（3）爬行注意事项：每组之间的间隙时间一般约为 1′～2′；运动量以锻炼者第二天起床感觉不疲劳为合适；如果第二天感觉疲劳，可休息一天，或各组的爬行时间可减 10″～30″；若按以上运动量完成后感觉还有体力，可自行再增加爬行时间或爬行组数。

3. 爬行器俯卧撑（参见第五章图 5－3－7）

（1）动作方式：此练习的运动要领和主要锻炼肌肉参见第五章第三节。

（2）运动量安排：以下运动量可根据各锻炼者的实际情况作适当的次数调整。

体质较弱者（不用助力带，以 1/2 拍速度爬行）：热身运动 5′～10′；5 次×1 组；10 次×3 组；12 次×2 组；20 次×1 组；放松活动 5′～10′。

体质一般者（不用助力带，以 1/4 拍速度爬行）：热身运动 5′～10′；5 次×1 组；12 次×3 组；12 次×2 组；20 次×1 组；放松活动 5′～10′。

体质较强者（不用助力带，以 1/4 拍速度爬行）：热身运动 5′～10′；8 次×1 组；12 次×3 组；15 次×2 组；25 次×1 组；放松活动 5′～10′。

（3）爬行注意事项：每组之间的间隙时间一般约为 1′～2′；运动量以锻炼者第二天起床感觉不疲劳为合适；如果第二天感觉疲劳那各组的爬行次数可减 3～5 次；若按以上运动量完成后感觉还有体力，可自行再增加爬行次数或爬行组数。

4. 爬行器划船（图 5－3－8）

（1）动作方式：此练习的运动要领和主要锻炼肌肉参见第五章第三节。

（2）运动量安排：以下运动量可根据各锻炼者的实际情况作适当的时间调整。

体质较弱者（不用助力带，以 1/2 拍速度爬行）：热身运动 5′～10′；1′×1 组；2′×2 组；2. 30′×2 组；放松活动 5′～10′。

体质一般者（用一条助力带，以 1/4 拍速度爬行）：热身运动 5′～10′；1′×1 组；2.30′×2 组；3′×2 组；放松活动 5′～10′。

体质较强者（用二条助力带以 1/4 拍速度爬行）：热身运动 5′～10′；2′×1 组；3′×2 组；3.30′×2 组；放松活动 5′～10′。

（3）爬行注意事项：每组之间的间隙时间一般约为 1′～2′；运动量以锻炼者第二天起床感觉不疲劳为合适；如果第二天感觉疲劳那各组的爬行时间可减 10″～30″；若按以上运动量完成后感觉还有体力，可自行再增加爬行时间或爬行组数。

5. 爬行器展团腹背（图 5－3－9）

（1）动作方式：此练习的运动要领和主要锻炼肌肉参见第五章第三节。

（2）运动量安排：以下运动量可根据各锻炼者的实际情况作适当的时间调整。

体质较弱者（不用助力带，以 1/2 拍速度爬行）：热身运动 5′～10′；1′×1 组；1.30′×2 组；2′×2 组；2.30′×1 组；放松活动 5′～10′。

体质一般者（用一条助力带，以 1/4 拍速度爬行）：热身运动 5′～10′；2′×1 组；2.30′×2 组；3′×2 组；3.30′×1 组；放松活动 5′～10′。

体质较强者（用二条助力带以 1/4 拍速度爬行）：热身运动 5′～10′；2′×1 组；3′×2 组；3.30′×2 组；4′×1 组；放松活动 5′～10′。

（3）爬行注意事项：每组之间的间隙时间一般约为 1′～2′；运动量以锻炼者第二天起床感觉不疲劳为合适；如果第二天感觉疲劳，可休息一天，或各组的爬行时间可减 10″～30″；若按以上运动量完成后感觉还有体力，可自行再增加爬行时间或爬行组数。

四、练防心脑疾患的爬行锻炼课程案例

案例一：爬行使人变年轻

2010 年已有 75 岁高龄的韩书锁先生看上去就比实际年龄至少年轻 10 岁，行走如风，举手投足敏捷灵活，似武功高手一般。他说，16 年前可

完全不是这样，当年他 50 多岁，却是远近闻名的病秧子。爬行锻炼，让他爬出健康快乐[26]。韩先生讲解爬需要注意的要领时强调：咱们练的时候尽量空腹，喝一杯水。

再如，北海公园公园九龙壁旁边，活跃着一群“爬”友。他们每天早晨不是遛弯跑步，也不是打拳舞剑，而是四肢着地模仿各种动物缓缓爬行。爬行姿势各有不同，有的扭来扭去，像熊；有的慢腾腾，像大象。他们要像动物一样满地爬的主要原因是学动物爬的好处诸多。有位爬友说，他以前有血压高、脑动脉硬化、脑血管狭窄等疾患，练习一年多以后，现在几乎不吃药。没想到这撅着屁股在地上爬两圈，还有这么多的好处。

案例二：爬行对绝望者的医治

今年有 54 岁，家住襄阳七中附近的任原觉，48 岁（2004 年）时患上了小脑萎缩症，全身发软，四肢和头部总是不自觉地晃动，走路、吃饭都困难。在医院住了 40 多天后，他的病情丝毫未见好转，医生告诉他：“除非换个脑袋才能痊愈。”想到妻子刚下岗，儿子还要上大学，自己会拖累家人，心灰意冷的任原觉想到自杀。

一次偶然机会，他从报纸上看到一则消息：爬行能锻炼四肢肌肉，还能促进神经系统，尤其是对大脑的恢复有好处。抱着“死马当活马医”的心态，2005 年春，他开始了自己的爬行康复之路。开始他妻子不放心，总扶着他一起爬。普通人十多分钟就能到塔顶，可他得花两个多小时，还累得全身湿透。尽管艰难，他还是咬牙坚持。转眼半年过去后，他发现自己原先常患的头痛症状明显减轻，这让他倍受鼓舞。为不耽误其妻子打工赚钱养家，他决定一个人去爬山。由于没人搀扶站不稳，他就四肢着地爬。然而，手脚并用爬行的方式，导致了不少游玩者们的纷纷议论，并无数次被人围观和嘲笑，甚至好几回都被人当成是要饭的，要给他钱。但每次想到这是自己康复的唯一希望，他始终咬牙坚持。

就这样，任原觉一爬就是 6 年，除了下大雪、暴雨外从没间断。如今，除了脑萎缩病情没有消除外，身患的高血压、心脏病、胃炎、过敏性鼻炎、腰腿疼和头疼等多种疾患大都痊愈了；原来他夹菜夹不住、走路要人扶，生活没法自理，现在都大大改善，他已不需要依靠任何工具，就能比较稳地站立和行走。除明显改善自己的身体状况外，任原觉还带动很多病友和他一起坚持锻炼，且身体状况都明显好转。一名跟他一起锻炼的60多岁大叔得意地向记者感叹："我原先也是中风了，跟着任原觉一起爬山，锻炼者们现在哪里还看得出我中过风。"任原觉常鼓励病友："身体得了病，但思想不能病，要有信心，坚持下去，病一定能好。"[27]

案例三：爬行可改变体形，治疗诸多慢性疾患

1. 爬行姿态虽"丑"，可能使体形变好

爬行运动是全身运动，属反常态运动练习，对人体的核心部位力量有锻炼效果。爬行时颈部和腰部随身体协调转动，加以呼吸配合，真有鱼翔浅底、灵动潇洒、轻松愉悦之感。虽然爬行运动姿态很"丑"，但获得的健康是其他运动项目不可取代的[28]。如：爬行把身体重量分散到四肢，使颈椎、腰椎负担大大减轻，能练防各种脊椎病变；爬行时主要采用腹式呼吸，有益于增强肺活量；爬行锻炼腹部脏器，对胃、肾下垂患者有益；每爬行一步，肛门会收缩一次，长此以往还能治防痔疮。

2. 爬行可治疗慢性疾患

（1）爬行治疗头晕眼花。退休后去了珠海的张军，平日里就经常头晕、气短、眼花，晨练时发现有人不自觉地在休闲场所或草地上爬行。开始时他还不习惯试着去做，后来经人指点掌握了爬行的要领。几个月过后，头晕、眼花大有好转，气喘得也均匀了，第二天起床觉得身体特别舒服。如今，张军的感受不仅带动了老伴与他一起爬行，同时还影响了身边的一批人与他一起锻炼。

（2）爬行可治疗高血压。小学退休的犹文老师是爬行爱好者。练习爬行前，三天两头往医院跑，大病虽没可小病不断。参加爬行运动3年，降压药都省了，医院也和他拜拜了。犹文老伴在他的影响下也坚持爬行了一年多，以前晚上总是半睡半醒且伴有打呼噜的习惯，不但自己的睡眠质量不高，而且吵得犹文也睡不好觉，如今她每天坚持爬行30分钟，晚上睡觉呼噜没了，精神也更加充沛。

（3）爬行可增强体质。王一女士家中有一位 92 岁的老父亲，居住国外，曾以爬行作为锻炼方式。自从坚持“爬行健身法”后，出国前患有的心脑血管、胃下垂、痔疮等疾患都已好转。以前老父亲饭后必须要平躺 20 分钟才能起来活动，否则就有不舒服的感觉，现在却不需要了；心脑血管疾患也达到平稳状态。以前，王女士对这种锻炼方式不感兴趣，退休后，发现自己身体状况日益低下，感冒、浑身无力等现象时有发生，正当自己要选择以什么样的方式锻炼来提高身体质量时，传来老父亲体检健康好转的消息，经家人劝说，王女士决定加入“爬行健身法”行列，以爬行健身作为自己的锻炼方式。

第九章

爬行对颈腰疾患的练防

从人类历史演变的发展历程上看，当人类以最初四肢爬行的猿变成直立行走的人，这是人类进步的一个革命性飞跃。由猿类进化为直立行走的人，人们的视野开阔了，大脑也发达了，但是伴随着由爬行到直立行走的演变，人们也因此付出相应的代价——人类骨骼以及相应各部分肌肉的原有结构和功能发生了变化。在四肢爬行时期，人类的脊椎就像一座桥，四肢的受力与椎体之间形成了一种分散压力而保持平衡的关系。当人直立起来后，这种平衡关系就被打破，脊椎骨承受了所有的重力，颈椎承受的压力明显增加。脊柱是人体的中轴骨骼，是身体的支柱，具有负重、减震、保护和运动等功能。脊椎上端承托头颅，胸部与肋骨成胸廓，上肢借肋骨、锁骨和胸骨以及肌肉与脊柱相连，下肢借骨盆与脊柱相连。正常脊柱可作前曲、后伸、侧曲、旋转等运动，上、下肢的各种活动，均通过脊柱调节，保持身体平衡，一侧上肢可以持重百余斤，而身体仍能保持平衡，这主要是靠脊柱的平衡作用。

第一节 练防颈部疾患的爬行方法

一、爬行与治疗颈部疾患

（一）爬行与颈病治疗

根据颈部疾患的发病原因，颈部肌肉劳损是颈部的常见疾患。而直立姿势又容易造成颈部的肌肉劳损，对健康不利。然而，爬行能有效缓解颈部肌肉的劳损，治疗颈部疾患。人从爬行到直立，人体的重力结构改变了，就会出现人体的重力三角，若是人回归到爬行运动状态，重力三角对颈椎的压力不存在，就能有效消除来自头部对颈椎的负重。

人们在站立时，为了预防颈椎病，通常会做米字操，但实践中的效果常是不佳。其原因主要是人体的颈椎本来就在承受来自头部的重量，此时做运动也只是暂时缓解颈椎附近肌肉疲劳状态，是治标不治本的做法。而且，在颈椎处于负重状态中再进行米字操，肌肉运动使得颈椎处血液需求量增大，从而血液行走方向是由下向上，需要消耗大量能量，由此会导致颈椎处耗氧量增加，同时对脑部供血就会相对较少，脑部供氧也会有所减少，对大脑有一定影响，不利于人体健康。然而，研究表明：爬行对颈部疾患的治护主要表现在：爬行状态下，颈椎不用给大脑负重，颈椎暂时卸下重担，得到适当的放松；爬行状态下，只需抬头、低头就可以让颈椎附近的肌肉得到全面的锻炼；在爬行状态下，颈椎能得到良好锻炼，同时不影响到脑部血液供应，不影响脑部氧气的供给。此时人体上身处于水平状态，心脏——颈椎——大脑处于同一水平面上，血液在水平方向下运行，不需要克服重力对颈椎的副作用。

（二）练防颈部疾患的爬行锻炼宜忌

1. 遵循循序渐进原则。初进行爬行锻炼者，要注意运动量要小，总运动时间可以长一点，持续运动时间要稍短，中间间歇次数可以增多，运动负荷逐渐增加，运动幅度逐渐加大，动作难度的选择慎重，应先由易到难。

2. 要持之以恒。切忌三天打鱼两天晒网，运动要持之以恒才能达到健身的效果，要每天坚持锻炼。

3. 运动前要热身。做好准备活动，爬行动作要因人而异，不可盲目模仿，以适合自身条件的动作练习为宜。

4. 爬行锻炼应形成良好习惯。爬行动作结束后，起身要慢；爬行前后，要适量补充水分，以温水为宜；室外地面上最好戴手套运动，室内可以考虑徒手，草地上以徒手爬行健身效果最佳；以环境好，空气新鲜的地方锻炼为宜。

5. 爬行锻炼时间选择要得当。喜欢晨练的健身者应在起床后半小时进行锻炼，喜欢晚上锻炼者应在饭后一小时进行爬行运动。

6. 某些伤病者忌练。如，严重颈椎病，心脑血管疾患，严重高血压等病患者，不宜练习爬行健身；手足损伤者，不宜练习爬行健身。

二、练防颈部疾患的常见爬行方式

颈部疾患的患者以中老年人居多，不过随着现代化生活水平地提高，青年人的发病比例也正在不断地提高。对于颈部疾患的运动治疗，应以循序渐进的方法，切忌不可剧烈运动，心率应保持在 150 次/分钟以下，一般保持在 100～120 次/分钟，或以身体微汗，不感到疲劳，运动后自感身体轻松为准，每周坚持活动不少于 2～3 天。相对较为合适的爬行锻炼可在地面、跑步机、爬行器等环境中进行，其不同的方式可按锻炼者的各自喜好自由组合。对有利于颈部疾患的爬行方式及运动量安排如下：

（一）地面爬行方式与方法

1. 熊爬（参见第五章图 5－1－2）

（1）动作方式：此练习的运动要领和主要锻炼肌肉参见第五章第一节。

（2）运动量安排：以下运动量可根据各锻炼者的实际情况作适当的距离调整。

体质较弱者：热身运动5′~10′；10M×2组；15M×1组；20M×1组；25M×1组；放松活动5′~10′。

体质一般者：热身运动5′~10′；20M×2组；25M×1组；30M×1组；40M×2组。放松活动5′~10′。

体质较强者：热身运动5′~10′；20M×2组；30M×1组；40M×1组；50M×1组；放松活动5′~10′。

（3）爬行注意事项：每组之间的间隙时间一般约为1′~2′；运动量以锻炼者第二天起床感觉颈部反应不强烈为合适；如果第二天感觉很酸胀或疼痛那各组的爬行距离可减5~10M；若按以上运动量完成后感觉还有体力，可自行再增加爬行距离；爬行过程中，头部最好跟随前行而做左右适度转动。

2. 匍匐爬行（参见第五章图5-1-3）

（1）动作方式：此练习的运动要领和主要锻炼肌肉参见第五章第一节。

（2）运动量安排：以下运动量可根据各锻炼者的实际情况作适当的距离调整。

体质较弱者：热身运动5′~10′；10M×1组；15M×1组；20M×2组；放松活动5′~10′。

体质一般者：热身运动5′~10′；20M×1组；25M×1组；30M×2组。放松活动5′~10′。

体质较强者：热身运动5′~10′；20M×1组；30M×1组；40M×2组；放松活动5′~10′。

（3）爬行注意事项：每组之间的间隙时间一般约为1′~2′；运动量以锻炼者第二天起床感觉颈部反应不强烈为合适；如果第二天感觉很酸胀或疼痛那各组的爬行距离可减5~10M；若按以上运动量完成后感觉还有体力，可自行再增加爬行距离；爬行过程中，头部最好跟随前行而做左右适度转动。

3. 侧卧爬行（参见第五章图 5－1－4）

（1）动作方式：此练习的运动要领和主要锻炼肌肉参见第五章第一节。

（2）运动量安排：以下运动量可根据各锻炼者的实际情况作适当的距离调整。

体质较弱者：热身运动 5′～10′；15M×1 组/左、右侧；20M×2 组/左、右侧；25M×1 组/左、右侧；放松活动 5′～10′。

体质一般者：热身运动 5′～10′；20M×1 组/左、右侧；25M×2 组/左、右侧；30M×1 组/左、右侧；放松活动 5′～10′。

体质较强者：热身运动 5′～10′；30M×1 组/左、右侧；35M×2 组/左、右侧；40M×1 组/左、右侧；放松活动 5′～10′。

（3）爬行注意事项：每组之间的间隙时间一般约为 1′～2′；运动量以锻炼者第二天起床感觉颈部反应不强烈为合适；如果第二天感觉很酸胀或疼痛，各组的爬行距离可减 5～10M；若按以上运动量完成后感觉还有体力，可自行再增加爬行距离；爬行过程中，头部最好跟随前行而做看前或看后适度运动。

（二）跑步机上爬行方式与方法

跑步机熊爬（参见第五章图 5－2－2）

1. 动作方式：此练习的运动要领和主要锻炼肌肉参见第五章第二节。

2. 运动量安排：以下运动量可根据各锻炼者的实际情况作适当的时间调整。

体质较弱者（以最低速度爬行）：热身运动 5′～10′；1′×2 组；1.30′×2 组；2′×2 组；2.30′×1 组；3′×1 组；1′×1 组；放松活动 5′～10′。

体质一般者（以次最低速度爬行）：热身运动 5′～10′；1′×2 组；1.30′×2 组；2′×2 组；2.30′×1 组；3′×1 组；1′×1 组；放松活动 5′～10′。

体质较强者（以次最低速度爬行）：热身运动 5′～10′；2′×2 组；

2.30′×2 组；3′×2 组；3.30′×1 组；4′×1 组；1′×1 组；放松活动 5′~10′。

（3）爬行注意事项：每组之间的间隙时间一般约为1′~2′；运动量以锻炼者第二天起床感觉颈部不酸胀为合适；如果第二天颈部感觉胀疼那各组的爬行时间可减10~30″；若按以上运动量完成后感觉还有体力，可自行再增加爬行时间或爬行组数；爬行过程中，头部最好跟随前行而做向左右的适度转动。

（三）爬行器上爬行方式与方法

1. 爬行器熊式爬行（参见第五章图5-3-2）

（1）动作方式：此练习的运动要领和主要锻炼肌肉参见第五章第三节。

（2）运动量安排：以下运动量可根据各锻炼者的实际情况作适当的时间调整。

体质较弱者（不用助力带，以1/2拍速度爬行）：热身运动5′~10′；1′×1 组；1.30′×1 组；2′×1 组；2.30′×1 组；放松活动5′~10′。

体质一般者（用一条助力带，以1/4拍速度爬行）：热身运动5′~10′；1′×1 组；1.30′×1 组；2′×1 组；2.30′×1 组；放松活动5′~10′。

体质较强者（用二条助力带以1/4拍速度爬行）：热身运动5′~10′；1′×1 组；2′×2 组；3′×2 组；放松活动5′~10′。

（3）爬行注意事项：每组之间的间隙时间一般约为1′~2′；运动量以锻炼者第二天起床感觉颈部不酸胀为合适；如果第二天颈部感觉胀疼那各组的爬行时间可减10~30″；若按以上运动量完成后感觉还有体力，可自行再增加爬行时间或爬行组数；爬行过程中，头部最好跟随前行而做向左右的适度转动。

2. 爬行器交替臂划（参见第五章图5-3-4）

（1）动作方式：此练习的运动要领和主要锻炼肌肉参见第五章第三节。

（2）运动量安排：以下运动量可根据各锻炼者的实际情况作适当的

时间调整。

体质较弱者（不用助力带，以 1/2 拍速度爬行）：热身运动 5′~10′；1′×1 组；1.30′×1 组；2′×1 组；2.30′×1 组；放松活动 5′~10′。

体质一般者（用一条助力带，以 1/4 拍速度爬行）：热身运动 5′~10′；2′×1 组；2.30′×1 组；3′×1 组；3.30′×1 组；放松活动 5′~10′。

体质较强者（用二条助力带以 1/4 拍速度爬行）：热身运动 5′~10′；2′×组；3′×组；4′×组；4.30′×1 组；放松活动 5′~10′。

（3）爬行注意事项：每组之间的间隙时间一般约为 1′~2′；运动量以锻炼者第二天起床感觉颈部不酸胀为合适；如果第二天颈部感觉胀疼那各组的爬行时间可减 10~30″；若按以上运动量完成后感觉还有体力，可自行再增加爬行时间或爬行组数；爬行过程中，头部最好跟随前行做向左右的适度转动。

三、练防颈部疾患的爬行锻炼课程案例

案例一：著名演员每天爬行 200 步，治愈颈病

据网上的资料显示，目前我国内参与爬行健身的人群不少，受益的人群也很多，很多人治愈了常规医疗难以诊治的疾患。如：著名演员濮存昕，是爬行健身的受益者。年届六十的他，外表看来风姿绰约，身体健朗，据他的健身小诀窍分享中谈到，他保护颈椎的方法是——爬行健身法。濮存昕在出席一活动时爆料自己的养生秘笈时谈论道，“我以前一直颈椎不好，经常疼痛，但现在不疼了，办法就是每天爬行锻炼 200 步，并不是吃了什么秘方。”并还在现场进行爬行示范，从姿势上可以看出，是以地面上虎爬的爬行方式进行爬行锻炼。他每天在家进行爬行运动的锻炼，通过爬行健身的方法治好了自己的颈椎病。

案例二：自创爬行方法，治愈颈椎病

相同的病症不同的爬行方式，同样能治疗颈椎病。老人张修顺利用自创的蜥蜴爬行法治好了多年的颈椎病。他的健身秘诀就是每天坚持爬行。

正如济南中德骨科医院的高主任所介绍：颈椎病是可以预防的。平时多注意活动、锻炼，都可以缓解颈椎病症状，爬行也可练防颈椎病。

第二节 练防腰部疾患的爬行方法

一、练防腰部疾患的常见爬行方式

人从爬行到直立，因重力结构的改变，人体出现的第二个重力三角与腰椎相关。但若使人回归到爬行运动状态，对人体最有益的地方就是腰椎，腰椎承载上肢的所有重量，同时需配合肢体完成前屈、后伸、侧弯、旋转和回旋等生理功能。腰椎工作量大，且工作时间久，故损伤就难以避免。然而，经常的爬行运动就能使腰椎得到很好地放松，腰部肌肉能得到很好地锻炼。

（一）地面爬行方式与方法

跪爬（参见第五章图 5－1－1）

1. 动作方式：此练习的运动要领和主要锻炼肌肉参见第五章第一节。

2. 运动量安排：以下运动量可根据各锻炼者的实际情况作适当的距离调整。

体质较弱者：热身运动 5′～10′；10M×1 组；15M×1 组；20M×1 组；25M×1 组；放松活动 5′～10′。

体质一般者：热身运动 5′～10′；20M×1 组；25M×1 组；30M×1 组；40M×1 组。放松活动 5′～10′。

体质较强者：热身运动 5′～10′；20M×1 组；30M×1 组；40M×1 组；50M×1 组；放松活动 5′～10′。

3. 爬行注意事项：每组之间的间隙时间一般约为 1′～2′；运动量以锻炼者第二天起床感觉腰部不酸胀为合适；如果第二天腰部感觉胀疼那各组的爬行距离可减 5～10M；若按以上运动量完成后感觉还有体力，可自行再增加爬行时间或爬行组数；爬行过程中，腰部最好跟随前行而做向左右的适度扭动。

（二）跑步机上爬行方式与方法

跑步机跪爬（参见第五章图5－2－1）

1. 动作方式：此练习的运动要领和主要锻炼肌肉参见第五章第二节。

2. 运动量安排：以下运动量可根据各锻炼者的实际情况作适当的时间调整。

体质较弱者（以最低速度爬行）：热身运动5′～10′；1′×1组；1.30′×1组；2′×1组；2.30′×1组；3′×1组；放松活动5′～10′。

体质一般者（以次最低速度爬行）：热身运动5′～10′；1′×1组；1.30′×2组；2′×1组；2.30′×1组；3′×1组；放松活动5′～10′。

体质较强者（以次最低速度爬行）：热身运动5′～10′；2′×1组；2.30′×2组；3′×1组；3.30′×1组；4′×1组；放松活动5′～10′。

3. 爬行注意事项：每组之间的间隙时间一般约为1′～2′；运动量以锻炼者第二天起床感觉腰部不酸胀为合适；如果第二天腰部感觉胀疼那各组的爬行时间可减10″～30″；若按以上运动量完成后感觉还有体力，可自行再增加爬行时间或爬行组数；爬行过程中，腰部最好跟随前行而做向左右的适度扭动。

（三）爬行器上爬行方式与方法

1. 爬行器跪式爬行（参见第五章图5－3－1）

（1）动作方式：此练习的运动要领和主要锻炼肌肉参见第五章第三节。

（2）运动量安排：以下运动量可根据各锻炼者的实际情况作适当的时间调整。

体质较弱者（不用助力带，以1/2拍速度爬行）：热身运动5′～10′；1′×1组；1.30′×1组；2′×1组；2.30′×1组；3′×1组；放松活动5′～10′。

体质一般者（用一条助力带，以1/4拍速度爬行）：热身运动5′～

10′；1′×1 组；1.30′×1 组；2′×1 组；2.30′×1 组；3.30′×1 组；放松活动 5′~10′。

体质较强者（用二条助力带以 1/4 拍速度爬行）：热身运动 5′~10′；2′×1 组；2.30′×1 组；3′×1 组；3.30′×1 组；4′×1 组；放松活动 5′~10′。

（3）爬行注意事项：每组之间的间隙时间一般约为 1′~2′；运动量以锻炼者第二天起床感觉腰部不酸胀为合适；如果第二天腰部感觉胀疼那各组的爬行时间可减 10″~30″；若按以上运动量完成后感觉还有体力，可自行再增加爬行时间或爬行组数；爬行过程中，腰部最好跟随两臂前后移动而做向左右的适度扭动。

2. 爬行器交替腿收（参见第五章图 5-3-3）

（1）动作方式：此练习的运动要领和主要锻炼肌肉参见第五章第三节。

（2）运动量安排：以下运动量可根据各锻炼者的实际情况作适当的时间调整。

体质较弱者（不用助力带，以 1/2 拍速度爬行）：热身运动 5′~10′；1′×1 组；1.30′×1 组；2′×1 组；2.30′×1 组；3′×1 组；放松活动 5′~10′。

体质一般者（用一条助力带，以 1/4 拍速度爬行）：热身运动 5′~10′；2′×1 组；2.30′×1 组；3′×1 组；3.30′×1 组；4′×1 组；放松活动 5′~10′。

体质较强者（用二条助力带以 1/4 拍速度爬行）：热身运动 5′~10′；2′×1 组；3′×1 组；4′×1 组；4.30′×1 组；5′×1 组；放松活动 5′~10′。

（3）爬行注意事项：每组之间的间隙时间一般约为 1′~2′；运动量以锻炼者第二天起床感觉腰部不酸胀为合适；如果第二天腰部感觉胀疼那各组的爬行时间可减 10″~30″；若按以上运动量完成后感觉还有体力，可自行再增加爬行时间或爬行组数；爬行过程中，腰部最好跟随两腿前后移动而做向左右的适度扭动。

3. 爬行器跪撑髋屈伸（参见第五章图 5－3－6）

（1）动作方式：此练习的运动要领和主要锻炼肌肉参见第五章第三节。

（2）运动量安排：以下运动量可根据各锻炼者的实际情况作适当的时间调整。

体质较弱者（不用助力带，以 1/2 拍速度爬行）：热身运动 5′～10′；1′×1 组；1.30′×1 组；2′×1 组；2.30′×1 组；3′×1 组；放松活动 5′～10′。

体质一般者（用一条助力带，以 1/4 拍速度爬行）：热身运动 5′～10′；2′×1 组；2.30′×1 组；3′×1 组；3.30′×1 组；放松活动 5′～10′。

体质较强者（用二条助力带以 1/4 拍速度爬行）：热身运动 5′～10′；2′×1 组；3′×3 组；4′×1 组；4.30′×1 组；放松活动 5′～10′。

（3）爬行注意事项：每组之间的间隙时间一般约为 1′～2′；运动量以锻炼者第二天起床感觉腰部不酸胀为合适；如果第二天腰部感觉胀疼那各组的爬行时间可减 10″～30″；若按以上运动量完成后感觉还有体力，可自行再增加爬行时间或爬行组数。

4. 爬行器展团腹背（参见第五章图 5－3－9）

（1）动作方式：此练习的运动要领和主要锻炼肌肉参见第五章第三节。

（2）运动量安排：以下运动量可根据各锻炼者的实际情况作适当的时间调整。

体质较弱者（不用助力带，以 1/2 拍速度爬行）：热身运动 5′～10′；1′×1 组；1.30′×1 组；2′×1 组；2.30′×1 组；放松活动 5′～10′。

体质一般者（用一条助力带，以 1/4 拍速度爬行）：热身运动 5′～10′；2′×1 组；2.30′×1 组；3′×2 组；3.30′×1 组；放松活动 5′～10′。

体质较强者（用二条助力带以 1/4 拍速度爬行）：热身运动 5′～10′；2′×2 组；3′×1 组；3.30′×1 组；4′×1 组；放松活动 5′～10′。

（3）爬行注意事项：每组之间的间隙时间一般约为 1′～2′；运动量以

锻炼者第二天起床感觉腰部不酸胀为合适；如果第二天腰部感觉胀疼那各组的爬行时间可减 10″～30″；若按以上运动量完成后感觉还有体力，可自行再增加爬行时间或爬行组数。

二、练防腰部疾患的爬行锻炼课程案例

案例一：71 岁老人爬行 18 年，治疗一身毛病

据网上报道：71 岁的老人寇广生坚持爬行 18 年，治疗好一身的毛病，现在腰痛病消失了，胃口好了。感觉自己越活越年轻。老人家每天坚持以爬行为主要锻炼方式，利用爬行健身，爬掉一身疾患，还以为爬行成为保定市的健康明星。

案例二：退休教师爬行多年，治愈颈、腰病

退休教师孙汝乐，练爬行功多年，治愈了许多慢性病，包括颈椎病，腰部疾患，进行爬行运动后收益良多，身体较之前硬朗了许多。

案例三：木工老人爬行 15 年，治愈腰部疾患

独创“五兽行”的韩书锁老人，之前是木工，由于腰部疾患严重，不得不提前退休在家休息养病。老人家辞工回家后，经常光顾北京动物园，在动物园里他不仅看动物爬，还跟动物一起爬。他坚持爬行 15 年，自创爬行健身法——健身五兽行。通过爬行锻炼，不仅自己的腰部疾患康复了，而且身体健康状况更甚之前，如今依然可以重操旧业，拿起了木工活，干事利索，一点看不出是当时因为腰痛病而辞工的。韩书锁老人，他不仅自己身体收益，还将这独特健身方法进行提倡和大力推广。他的爬行健身功收到当地居民的喜欢，加入他的爬行健身队伍的人也逐渐增多，老人家已经成为当地的健身明星。

第十章

爬行对四肢疾患练防

随着全球现代化进程的空前加速，以机械力代替人力的现象日益普遍。人们上下楼有电梯，出入以车代步，崭新的生活方式快速成为日常生活的主流。在尽情享受现代化生活带来舒适惬意的同时，人们逐渐发现过去很少见到、很少听说的“富贵病”，严重影响着人们的健康。舒适安逸、闲多劳少的现代人突然明白了，正是由于筋骨废用才让自己陷入体态臃肿、动作迟缓、关节僵硬的窘境。现代生活方式的负面影响凸现出来后，迫使人们对一味贪图享受的生活方式开始进行深刻的反思。

新兴运动的诞生，让人体“返璞归真”。在巴西，男女老少都喜欢到健身俱乐部锻炼身体，但“爬行俱乐部”对很多人来说，可能还颇为新奇。“爬行俱乐部”就设在一家健身俱乐部内，场地整洁、设施齐备。健身者在长 100 米的地板上，根据自身条件，在医生的指导下采取不同姿势、不同速度爬行，一般爬行一个来回（200 米）为一单位。年老体弱者在爬行中可以适当休息，体质较好者可多爬几个单位，最多的一口气能爬 10 个来回。参加爬行健身的以老年人居多。由于爬行不需要专门的设备，在家中地板上就可以进行，由此在俱乐部外，巴西老年人也掀起了一阵“爬行热”[41]。

提倡爬行运动或曰爬行疗法，是一种回归婴儿时期的健身方法。爬行，简单易行安全有效，有时间有场地便可爬上一阵子。爬行是仅次于游泳的运动方式，也许比散步对身体更有益，能治病还能防病，且有减缓衰老延年益寿之功效。

一、爬行练防四肢肌肉和关节疾患的锻炼与注意事项

（一）科学爬行锻炼的“三部曲”

所谓“三部曲”即是准备阶段、基本活动阶段、结束阶段三部分。其中准备阶段和结束阶段与基本活动阶段同样重要。活动强度要符合弱—强—弱的“弧形”生理曲线。

1. 准备阶段：运动开始时，要先做一些较缓和、运动量较低的热身运动，使身体在进入剧烈运动前有一个准备，可以进行快走、慢跑、活动关节等伸展运动，它能增加关节组织的柔韧度，准备活动是对人体的动员过程，可使肌肉、关节、内脏等器官逐步适应紧张活动的需要。有人在从事紧张活动之后，容易出现肝区、肌肉和韧带的疼痛以及呼吸的不协调等不良反应，这往往是未能认真做准备活动的结果。准备活动包括全身各个关节和肌群的体操动作、呼吸练习，时间约 5 ~ 10 分钟。

2. 基本活动阶段：当人体进入运动状态，就可按锻炼者所设定的目标进行锻炼。锻炼的运动量因人而异。如，初锻炼者，距离可短一点，速度可慢一点，随着体能的提高，再逐渐增加爬行的距离和加快速度。一般根据锻炼者年龄的不同，运动时的心率应保持在 100 ~ 150 次/分钟，每次爬行的总时间应在 10 ~ 30 分钟/课次。

3. 结束阶段：运动快要结束时要逐步减少运动量。运动结束不宜立即休息，更不宜蹲坐休息，因为运动后马上蹲下或坐着休息，影响血液循环，不利于下肢血液回流，易加重机体的疲劳。

（二）科学爬行锻炼的禁忌

爬行锻炼具有练防疾患和健身的价值，对于患有骨、关节损伤和肌肉损伤及其后遗功能障碍、肩周炎、腰腿痛、瘫痪和手术后的病人，是一种重要的辅助治疗手段。需要安排恰当，许多疾患都可以进行爬行运动调养，但必须分清锻炼的适宜项目和禁忌内容。

1. 身体不适时不宜进行爬行运动。人生病或感到不舒服的时候不要进行爬行运动，过多的运动会使病情恶化。如果出现以下症状：发烧、咽喉痛、咳嗽、有痰、排尿疼痛、肌肉和关节疼痛，应暂停运动数天。运动时发生心绞痛或心律不齐，胸痛或胸闷，手臂、颈部或下巴疼痛，头晕或眩晕，心悸、恶心、视力模糊、气促、软弱无力应立即停止运动。

2. 爬行锻炼的暂时性禁忌。如，任何原因引起的体温升高；有出血倾向的疾患（外伤、内伤等）；急性软组织伤或骨折未愈合等都应暂停进行爬行锻炼。

（三）避免早晨空腹进行爬行锻炼

晨练最好待太阳升起之后开始，这样才是最卫生和最安全的。对于胃部常有不适的老年人，晨练前适量进食是一种最佳保健方法。对于老年人来说，空腹晨练是一种潜在的危险。在经过一夜的睡眠之后，不进食就进行一到两个小时的锻炼，腹中已空，热量不足，再加上体力的消耗，会使大脑供血不足，哪怕只是短暂的时间也会让人产生不舒服的感觉。最常见的症状就是头晕，严重的会感到心慌、腿软、站立不稳，心脏原本有毛病的老年人会突然摔倒，甚至猝死。

（四）忌雾天进行爬行锻炼

在水汽充足、微风及大气层稳定的情况下，如果接近地面的空气冷却至某种程度时，空气中的水汽便会凝结成细微的水滴悬浮于空中，使地面水平的能见度下降，这种天气现象被称为雾。雾的出现以春季二至四月间较多，冬天也常出现雾天。雾形成的条件：一是冷却，二是加湿，增加水汽含量。

雾天，污染物与空气中的水汽相结合，将变得不易扩散与沉降，这使得污染物大部分聚集在人们经常活动的高度。而且，一些有害物质与水汽结合，会变得毒性更大，如二氧化硫变成硫酸或亚硫化物，氯气吸水合成为氯化氢或次氯酸，氟化物吸水合成为氟化氢。因此，雾天空气的污染物比平时要严重得多。还有一个原因那就是，组成雾核的颗粒很容易被人吸入，并容易在人体内滞留，而进行锻炼时人体吸入的空气的量比平时多得多，这更加剧了有害物质对人体的损害程度。总之，雾天进行锻炼弊大于利。因此，雾天不宜进行身体锻炼。

（五）忌就餐后进行爬行锻炼

常说的一句话“饭后百步走，活到九十九”，被当作了老年人的健身格言，其实饭后百步走并不科学，宜慎重行事。从近代医学观点看，不宜提倡老年人饭后百步走，因为吃饭特别是吃饱饭对于有心血管疾患者是一种负荷，对老年人更是如此。科学研究证明，在餐后60分钟时，一般人血压有所下降，而心率则有所上升，中度运动后有些人可出现体位性低血压。餐后运动对心血管系统有明显的负面作用。因此，老年人应该避免在餐后特别是饱餐后两个小时内进行运动锻炼。总的来说人要培养良好的生活习惯，保持足够的睡眠，吃饭前后一小时不做强度较大的运动。

（六）特殊人群进行爬行锻炼应注意事项

1. 孕妇。

（1）怀孕初期：也就是4个月内的准妈妈，要多做有氧运动，像快步走、简单的韵律舞、爬楼梯、爬行等一些有节奏性的运动。但是，像跳跃、扭曲或快速旋转的运动都不能进行，骑自行车更应当避免。

（2）怀孕中期：也就是4~7个月之间，胎盘已经形成，所以不太容易造成流产。这个时期增加运动量是适合的。这时候所说的加大运动量，并不是增加运动强度，而是提高运动频率、延长运动时间。但需要强调的是，一定要根据自己的情况来进行锻炼，不要强迫运动。切记不要做爬山、登高、蹦跳之类的剧烈运动，以免发生意外。

（3）怀孕后期：也就是8~10个月，尤其是临近预产期的准妈妈，体重增加，身体负担很重，这时候运动一定要注意安全，既要对自己分娩有利，又要对宝宝健康有帮助，还不能过于疲劳，这时候不要在闷热的天气里做运动，每次运动时间最好别超过15分钟。这一时期突出一个“慢”字。

一般来说，在运动过程中，脉搏不要超过140次/分钟，体温不要超过38℃，要根据自己感觉的舒适程度及时调整。如果在运动过程中出现头晕、气短、宫缩频率增加、某个部位疼痛、阴道突然有血丝或大量出血，要立即停止运动，向专家咨询情况是否正常，是否适合再继续做运动。

2. 女性月经期：女性月经期应适当减少运动量和运动时间，逐渐培养月经期锻炼的习惯。在来月经的最初 1 ~ 2 天可以参加运动量不大的运动，以后随经血量的减少，可逐渐加量至恢复正常锻炼。避免参加引起腹内压增加和使腹部震动剧烈的运动。来月经的女性不宜在烈日下暴晒或进行冷水浴，尤其要注意腹部不能着凉，以免引起卵巢功能紊乱，月经失调。

二、练防四肢肌肉和关节疾患的常见爬行方式和方法

人类花了 300 万年的时间从猿进化成人，身体的结构发生了巨大改变，从爬行进化为直立行走。在解放了双手的同时，身体一些部位承受了比爬行时更大的压力，下肢就是其中之一。下肢位于人体最下部，是人类行走、运动的最常用部分，活动频率最高，负重较大的节段由于承受各种负荷劳损甚至外伤极易发生病变；由于人类的上肢已无负重功能，在人类进化的过程中，灵活性逐渐得到加强，并集中体现在手和手指。从生物力学角度来看，膝关节、踝关节受力最大。因此，这些部位发病率较高[46]。随着工作、生活节奏的加快，长时间伏案工作以及使用电脑、驾车都使人长时间保持单一姿势，肌肉韧带疲劳，关节松弛。再加上高枕、软床、夜间落枕、睡姿不良等诸多因素，这样就会因轻微的外伤或遭受风寒而诱发颈椎病。此病的发病率非常高，且发病年龄越来越年轻化，过去是中老年人得的病，现在已经发展到青壮年，直至小学生。对于颈部疾患的运动治疗，应以循序渐进的方法，切忌不可剧烈运动，心率应保持在 150 次/分钟以下，一般保持在 100 ~ 120 次/分钟，或以身体微汗，不感到疲劳，运动后自感身体轻松为准，每周坚持活动 2 ~ 3 天为宜。相对较为合适的爬行锻炼可在地面、跑步机、爬行器等环境中进行，其不同的方式可按锻炼者的各自喜好自由组合。对有利于四肢运动性疾患的爬行方式及运动量安

排如下：

（一）地面爬行

1. 熊爬（参见第五章图 5－1－2）。对改善或提高肩关节功能和上肢肌群力量者采用。

（1）动作方式：此练习的运动要领和主要锻炼肌肉参见第五章第一节。

（2）运动量安排：以下运动量可根据各锻炼者的实际情况作适当的距离调整。

体质较弱者：热身运动 5′～10′；15M×1 组；20M×1 组；25M×3 组；30M×1 组；10M×1 组；放松活动 5′～10′。

体质一般者：热身运动 5′～10′；20M×1 组；30M×1 组；35M×2 组；40M×1 组；15M×1 组。放松活动 5′～10′。

体质较强者：热身运动 5′～10′；20M×1 组；30M×1 组；40M×2 组；50M×1 组；20M×1 组；放松活动 5′～10′。

（3）爬行注意事项：每组之间的间隙时间一般约为 1′～2′；运动量以锻炼者第二天起床感觉不疲劳为合适；如果第二天感觉疲劳那各组的爬行距离可减5～10M；若按以上运动量完成后感觉还有体力，可自行再增加爬行距离。也可根据锻炼者的体能提高适当增加爬行速度。

2. 匍匐爬行（参见第五章图 5－1－3）。对改善或提高肩关节和髋关节机能者采用。

（1）动作方式：此练习的运动要领和主要锻炼肌肉参见第五章第一节。

（2）运动量安排：以下运动量可根据各锻炼者的实际情况作适当的距离调整。

体质较弱者：热身运动 5′～10′；10M×1 组；15M×1 组；20M×1 组；25M×1 组；10M×1 组；放松活动 5′～10′。

体质一般者：热身运动 5′～10′；15M×1 组；20M×1 组；25M×1 组；30M×1 组；10M×1 组。放松活动 5′～10′。

体质较强者：热身运动 5′ ~ 10′；10M ×1 组；20M ×1 组；30M ×1 组；40M ×1 组；50M ×1 组；10M ×1 组；放松活动 5′ ~ 10′。

（3）爬行注意事项：每组之间的间隙时间一般约为 1′ ~ 2′；运动量以锻炼者第二天起床感觉不疲劳为合适；如果第二天感觉疲劳那各组的爬行距离可减5 ~ 10M；若按以上运动量完成后感觉还有体力，可自行再增加爬行距离。也可根据锻炼者的体能提高适当增加爬行速度。

3. 侧卧爬行（参见第五章图 5 – 1 – 4）。对改善和提高肩关节和髋关节，以及胸、背部和大腿内侧肌群者采用。

（1）动作方式：此练习的运动要领和主要锻炼肌肉参见第五章第一节。

（2）运动量安排：以下运动量可根据各锻炼者的实际情况作适当的距离调整。

体质较弱者：热身运动 5′ ~ 10′；20M ×1 组/左、右侧；25M ×1 组/左、右侧；30M ×1 组/左、右侧；放松活动 5′ ~ 10′。

体质一般者：热身运动 5′ ~ 10′；30M ×1 组/左、右侧；40M ×1 组/左、右侧；50M ×1 组/左、右侧；放松活动 5′ ~ 10′。

体质较强者：热身运动 5′ ~ 10′；30M ×1 组/左、右侧；40M ×1 组/左、右侧；50M ×1 组/左、右侧；60M ×1 组/左、右侧；放松活动 5′ ~ 10′。

（3）爬行注意事项：锻炼时，某一侧爬完后换别一侧爬行。每组之间的间隙时间一般约为 1′ ~ 2′；运动量以锻炼者第二天起床感觉不疲劳为合适；如果第二天感觉疲劳那各组的爬行距离可减 5 ~ 10M；若按以上运动量完成后感觉还有体力，可自行再增加爬行距离。也可根据锻炼者的体能提高适当增加爬行速度。

（二）跑步机上爬行

跑步机熊爬（参见第五章图 5 – 2 – 2）。此练习一般适合平时经常运动的锻炼者；年龄较大的人和不经常运动者不宜此运动。

（1）动作方式：此练习的运动要领和主要锻炼肌肉参见第五章第

二节。

（2）运动量安排：以下运动量可根据各锻炼者的实际情况作适当的时间调整。

体质较弱者（以最低速度爬行）：热身运动5′~10′；1′×1组；1.30′×1组；2′×1组；2.30′×2组；3′×1组；1′×1组；放松活动5′~10′。

体质一般者（以次最低速度爬行）：热身运动5′~10′；1′×1组；1.30′×1组；2′×2组；2.30′×3组；3.30′×2组；1′×1组；放松活动5′~10′。

体质较强者（以次最低速度爬行）：热身运动5′~10′；2′×1组；2.30′×1组；3′×1组；3.30′×3组；4′×1组；1′×1组；放松活动5′~10′。

（3）爬行注意事项：每组之间的间隙时间一般约为1′~2′；运动量以锻炼者第二天起床感觉不疲劳为合适；如果第二天感觉疲劳那各组的爬行时间可减10″~30″；若按以上运动量完成后感觉还有体力，可自行再增加爬行时间或爬行组数。

（三）爬行器上爬行

1. 爬行器熊式爬行（参见第五章图5-3-2）。此练习一般适合平时经常运动者锻炼；年龄较大的人和不经常运动者不宜此运动。

（1）动作方式：此练习的运动要领和主要锻炼肌肉参见第五章第三节。

（2）运动量安排：以下运动量可根据各锻炼者的实际情况作适当的时间调整。

体质较弱者（不用助力带，以1/2拍速度爬行）：热身运动5′~10′；1′×1组；1.30′×1组；2′×2组；2.30′×2组；放松活动5′~10′。

体质一般者（用一条助力带，以1/4拍速度爬行）：热身运动5′~10′；1′×1组；1.30′×2组；2′×2组；3′×2组；放松活动5′~10′。

体质较强者（用二条助力带以1/4拍速度爬行）：热身运动5′~10′；2′×1组；2.30′×3组；3.30′×2组；放松活动5′~10′。

（3）爬行注意事项：每组之间的间隙时间一般约为1′~2′；运动量以锻炼者第二天起床感觉不疲劳为合适；如果第二天感觉疲劳那各组的爬行时间可减10″~30″；若按以上运动量完成后感觉还有体力，可自行再增加爬行时间或爬行组数。

2. 爬行器交替腿收（参见第五章图5－3－3）。对改善和提高髋关节周边肌群和腿部肌群的锻炼者可采用。

（1）动作方式：此练习的运动要领和主要锻炼肌肉参见第五章第三节。

（2）运动量安排：以下运动量可根据各锻炼者的实际情况作适当的时间调整。

体质较弱者（不用助力带，以1/2拍速度爬行）：热身运动5′~10′；1′×1组；2′×3组；2.30′×3组；放松活动5′~10′。

体质一般者（用一条助力带，以1/4拍速度爬行）：热身运动5′~10′；1′×1组；2′×3组；2.30′×2组；3′×2组；放松活动5′~10′。

体质较强者（用二条助力带以1/4拍速度爬行）：热身运动5′~10′；2′×1组；2.30′×3组；3′×3组；3.30′×2组；放松活动5′~10′。

（3）爬行注意事项：每组之间的间隙时间一般约为1′~2′；运动量以锻炼者第二天起床感觉不疲劳为合适；如果第二天感觉疲劳那各组的爬行时间可减10″~30″；若按以上运动量完成后感觉还有体力，可自行再增加爬行时间或爬行组数。

3. 爬行器交替臂划（参见第五章图5－3－4）。对改善或提高肩关节周边肌群和上臂肌群的锻炼者可采用。

（1）动作方式：此练习的运动要领和主要锻炼肌肉参见第五章第三节。

（2）运动量安排：以下运动量可根据各锻炼者的实际情况作适当的时间调整。

体质较弱者（不用助力带，以1/2拍速度爬行）：热身运动5′~10′；1′×1组；2′×3组；2.30′×3组；放松活动5′~10′。

体质一般者（用一条助力带，以 1/4 拍速度爬行）：热身运动 5′～10′；1′×1 组；2′×2 组；2′×3 组；3′×2 组；放松活动 5′～10′。

体质较强者（用二条助力带以 1/4 拍速度爬行）：热身运动 5′～10′；1′×1 组；2′×2 组；3′×3 组；3. 30′×2 组；放松活动 5′～10′。

（3）爬行注意事项：每组之间的间隙时间一般约为 1′～2′；运动量以锻炼者第二天起床感觉不疲劳为合适；如果第二天感觉疲劳那各组的爬行时间可减 10″～30″；若按以上运动量完成后感觉还有体力，可自行再增加爬行时间或爬行组数。

4. 爬行器跪撑髋屈伸（参见第五章图 5－3－6）。对改善或提高上肢肌群和胸部肌群的锻炼者可采用，尤其女性或老年人可使用。

（1）动作方式：此练习的运动要领和主要锻炼肌肉参见第五章第三节。

（2）运动量安排：以下运动量可根据各锻炼者的实际情况作适当的次数调整。

体质较弱者（不用助力带，以 1/2 拍速度爬行）：热身运动 5′～10′；5 次×1 组；10 次×3 组；12 次×3 组；20 次×1 组；放松活动 5′～10′。

体质一般者（用一条助力带，以 1/4 拍速度爬行）：热身运动 5′～10′；5 次×1 组；10 次×3 组；15 次×3 组；20 次×2 组；放松活动 5′～10′。

体质较强者（用二条助力带以 1/4 拍速度爬行）：热身运动 5′～10′；8 次×1 组；12 次×3 组；15 次×3 组；25 次×1 组；放松活动 5′～10′。

（3）爬行注意事项：每组之间的间隙时间一般约为 1′～2′；运动量以锻炼者第二天起床感觉不疲劳为合适；如果第二天感觉疲劳那各组的爬行次数可减 3～5 次；若按以上运动量完成后感觉还有体力，可自行再增加爬行次数或爬行组数。

5. 爬行器俯卧撑（参见第五章图 5－3－7）。对改善或提高上肢肌群和胸部肌群的锻炼者可采用，尤其男性或一定力量锻炼基础的人使用。

（1）动作方式：此练习的运动要领和主要锻炼肌肉参见第五章第

三节。

（2）运动量安排：以下运动量可根据各锻炼者的实际情况作适当的次数调整。

体质较弱者（不用助力带，以 1/2 拍速度爬行）：热身运动 5′～10′；5 次 ×1 组；10 次 ×3 组；12 次 ×3 组；20 次 ×1 组；放松活动 5′～10′。

体质一般者（不用助力带，以 1/4 拍速度爬行）：热身运动 5′～10′；5 次 ×1 组；8 次 ×3 组；12 次 ×3 组；20 次 ×2 组；放松活动 5′～10′。

体质较强者（不用助力带，1/4 拍速度爬行）：热身运动 5′～10′；8 次 ×1 组；10 次 ×3 组；15 次 ×3 组；25 次 ×1 组；放松活动 5′～10′。

（3）爬行注意事项：每组之间的间隙时间一般约为 1′～2′；运动量以锻炼者第二天起床感觉不疲劳为合适；如果第二天感觉疲劳那各组的爬行次数可减 3～5 次；若按以上运动量完成后感觉还有体力，可自行再增加爬行次数或爬行组数。

三、练防四肢肌肉和关节疾患的爬行锻炼成功案例

案例一：爬行治愈颈椎病、腰部疼痛、增加臂力

在某一天，王平在图书馆翻阅某健康杂志时，偶然看到一篇介绍爬行健身的文章，文中大讲爬行健身的功效。他眼前一亮，爬行健身，占用时间少，不用健身器械，只要有个较为平坦的场地即可，很适合他这类每日活动量少，经常浑身酸痛的中年人。

不久，搬入了新居，他便将近 30 平方米的客厅收拾干净，尽量少摆放家具，为练习爬行创造条件。每天清晨五时半，他准时起床后，先将地板擦干净，然后赤手赤足坚持，在客厅爬行。刚开始围着客厅转不了两圈便累得直喘。随着天天坚持，越爬越感觉通体发热，浑身通畅，爬行 10 分钟后休息一下，然后再爬行 5～6 分钟。每天临睡前他也尽量爬行 10 分钟左右。

爬行近一年后，原先困扰他的颈椎病不治而愈，腰痛也不轻易犯了。由于爬行四肢用力，感觉双臂力量增大，在单杠上做引体向上由原来只能

做两个，到现在做十几个也不费力。后来越爬越上瘾，冬季寒冷他在室内爬，春夏秋季只要天气好他就到户外，戴好手套，穿好鞋袜，寻找平坦的草坪和干净的广场大理石地面爬行，居然也有几位中老年人与他为伴。后来他还摸索出一些爬行健身的窍门：爬行时需四肢着地，模仿动物爬行的姿势；直线向前，向后或转圈爬行均可；爬行的速度由慢逐渐加快；爬行的时间由短逐渐延长。一般每日锻炼 1 次，每次 10 ~ 15 分钟，早晚均可。

爬行运动可矫正脊柱歪斜，练防腰肌劳损，坐骨神经痛，下肢静脉曲张，上臂肌肉萎缩，消化不良等病[47]。

案例二：爬行可延缓衰老、使人精力充沛

章彬玉今年已有 74 岁了，他家中已年超九旬的老父亲，曾长期以爬行作为锻炼方式，但他自己之前对这种爬行锻炼方式不感兴趣。10 余年前章彬玉退休了，发现自己的身体状况不如以前，一次他在香港旅游时，看到电视台等媒体上提倡以“爬行”作为健身锻炼方式，回来后在老父的动员下，章彬玉也决定以“爬行健身”作为自己的锻炼方式了。起初，章彬玉本着试试的态度坚持爬行，结果发现锻炼一段时间后，第二天清晨起床伸展身体时特别舒服。章彬玉以前晚上总是半睡半醒且伴有打呼噜的习惯，不但自己的睡眠质量不高，吵得老伴也睡不好觉。后来只要每天黄昏坚持爬行 30 分钟，晚上睡觉就不打呼噜了，而且每天起床后都精力充沛。

章彬玉老人表示：“中老年人刚学爬行时，不能冒进，必须循序渐进。刚开始时每天爬 15 分钟，也就是两三百米，然后慢慢增加锻炼的时间。”如今，章彬玉老人每天都爬行 500 米左右。他称，爬行消耗了比走路多而比跑步少的热量，不但锻炼了体能，还使自己的呼吸更匀称。此外，爬行时上肢、下肢和腰腹部的肌肉群均参与运动，身体机能得到了充分锻炼。他希望能有更多的人参与到这项有益身心的运动中[48]。

案例三：爬行治愈臂部麻木、锻炼四肢关节和肌肉

山东济南读者张正修在退休前是一名教师。由于经常低着头看书批改作业，而且几乎保持着同一个姿势，颈椎病十分严重。去医院治疗了好多

次，却收效甚微。后来有一次在家看电视的时候，看到一个介绍爬行健身的节目，他立刻眼睛一亮，动了爬行健身的念头。

下定决心后，他便立即付诸实施。每天早上起床后，喝一杯温开水，迎着朝阳去离家不远的森林公园，融进晨练的人群中，先同大家一道先做一套活动四肢的保健操，打太极拳，然后独自走向公园的一处开阔绿草坪，四肢着地，在草坪上爬起来。在爬行过程中，有时双腿弯曲、身板放平爬，有时屁股翘起双腿伸直爬，爬行时腰臀部位要左右摆动。大约每爬行 30 米左右便坐下休息片刻，后再伏下身子继续爬行，就这样休息与爬行交替着，每天坚持爬行 300 米左右。每次结束爬行动作后，都稍坐片刻再缓慢起立（老年人不宜猛然站起）。

大约经历了半年左右的爬行，左臂的发麻感觉渐轻了。家务活照常干，只是注意不再提取重物。经过几年的爬行运动，不仅左臂不麻了，多年的左肩周炎也在爬行中好了，两年前隆起的小腹也渐渐平坦了。没想到爬行运动不仅锻炼了脊椎，也锻炼了四肢关节和肌肉，还能减肥[49]。

第十一章

爬行健身者常规测量评鉴

第一节 亚健康评鉴和摆脱方法

一、亚健康评鉴

这是国外学者的一个亚健康状况测试题，从以下问题可反映出测试者自身的健康状况。如：

（一）亚健康状况自评题

1. 早上起床时，有持续的头发掉落。5 分

2. 感到情绪有些抑郁，会对着窗外发呆。3 分

3. 昨天想好的某件事，今天怎么也记不起来了，近些天来经常出现这种情况。10 分

4. 害怕走进办公室，觉得工作令人厌倦。5 分

5. 不想面对同事和上司，有自闭症式的渴望。5 分

6. 工作效率下降，上司已表达了对您的不满。5 分

7. 工作 1 小时后，就感到身体倦怠，胸闷气短。10 分

8. 工作情绪始终无法高涨。最令自己不解的是无名的火气很大，但又没有精力发作。5 分

9. 晚上经常睡不着觉，即使睡着了，又老是在做梦的状态中，睡眠质量很糟糕。10 分

10. 体重有明显的下降趋势，早上起来，发现眼眶深陷，下巴突出。10 分

11. 感觉免疫力在下降，春秋流感一来，自己首当其冲，难逃“流”运。5 分

12. 性能力下降，经常感到疲惫不堪，没有什么性欲望。10 分

13. 一日三餐，进餐甚少，排除天气因素，即使非常适合自己的口味的菜，近来也经常如嚼干蜡。5 分

14. 盼望早早地逃离办公室，为的是能够回家躺在床上休息片刻。5 分

15. 对城市的污染、噪音非常敏感，比常人更渴望清幽、宁静的山水，休息身心。5 分

16. 不再像以前那样热衷于朋友的聚会，有种强打精神、勉强应酬的感觉。2 分

（二）结果评价

如果以上的累计总分超过 30 分，表明健康已敲响警钟；如果累计总分超过 50 分，就需要好好地反思您的生活状态；如果累计总分超过 80 分，赶紧去医院找医生，调整自己的心理，或是好好地休息一段时间。

二、摆脱亚健康方法

（一）转型健康理念

1. 从有病求医，向自我保健转型。

2. 少喝一滴酒，多出一滴汗。

（二）摆脱亚健康的方法

1. “动”——科学运动：做到方式适合、运动量适合、时间适合、环境适合。

2. “食”——合理饮食：日常的饮食能做到主食要够，粗细搭配；鱼肉蛋禽，别忘豆类；水果蔬菜，确保其位；奶品一杯，保健逞威；烹饪用油，只是点缀；低盐限酒，天年增辉。

3. “调”——调适方法：调整身体舒适的方法是冬补夏泻，静动相宜，平衡阴阳，换位思维，居安思危，笑对人生。

4. “理”——理性生活方式：综合现有与长寿有关生活方式：A. 减少夜生活，每天吃早餐；B. 每天睡眠 7～8 小时；C. 一日三餐间不吃零食；D. 保持标准体重；E. 有规律的体育锻炼；F. 不吸烟；G. 不饮酒或少量饮酒。

学者研究认为，能遵守以上 6～7 项健康行为的人群比只遵守 0～3 项的人群期望寿命延长 11 年。

（三）提倡的健康生活方式

1. 饮食：少食肉、多吃蔬果、杂粮，低脂、低盐，能生吃则不熟吃、能素吃则不油吃、能淡吃则不咸吃，戒烟限酒、规律饮食；

2. 运动：适量活动、持之以恒；

3. 健康观：早诊断、早治疗；

4. 生活习惯：生活规律、睡眠充足、少夜生活、常唱歌、饭后休、静坐思；

5. 户外：晒太阳、雨中行、步当车、常驴步；

6. 心理：正确人生观、世界观，善待人己。

（四）科学养生方法

养生是一门较为复杂而简单的学问，要做到有效的方式，就应在日常生活中做到动静合一，身心合一，习惯嗜好与理性合一，天地人文合一。

（五）“三高病人”参加健身运动注意事项

三高人群的锻炼是目前学者们关注的热点，为避免意外事故的发生，“三高病人”参与健身运动时尤其应注意：系统治疗，不可中断；事先检查，制订计划；因人而异，选择方法；循序渐进，轻松豁达。

第二节 锻炼者常规测量内容与技法

一、体围测量

体围是用来评价身体发育的常用指标。这些指标的大小受年龄、性别、锻炼水平和生活条件等因素的影响。经常参加健身健美锻炼的人，由于肌肉较为发达，身体各部的围度往往都比一般人要大（除腰围外）。因此，体围的测量对爬行健身者的体型评价来说是很有必要的。目前，对体围测量器械、部位和方法主要包括：

（一）测量器械和测量部位

1. 测量器械：主要采用带状皮尺或卷尺。

2. 测量部位：颈围、肩围、胸围、臂（大、小臂）围、臀围、腰围、腿（大、小腿）围、膝围、踝围等。

（二）测量方法和注意事项

1. 测量方法：见本章第三节。

2. 注意事项：

（1）测量时带状尺的松紧度要适合。

（2）带尺的位置放置要准确，防止脱落。

（3）允许超过0.5厘米的误差。

二、体重测量

（一）测量器械和方法

1. 测量器械：杠杆型体重秤或弹簧体重秤或投币体重秤等。

2. 测量方法：称量者应穿尽量少的服装，静止站到体重秤中心。

（二）测量注意事项

体重测量最好在清晨睡醒后进行。在测量体重时，最好用经过校正的杠杆型体重秤。被测量者应空腹，不穿鞋，只穿轻薄的衣服，全身放松地站在秤中心。测量人员读取杠杆秤上的游标位置，读数应精确至10克。

三、身高测量

（一）测量器械和方法

1. 测量器械：一支直尺或卷尺、一根直角尺。

2. 测量方法：测量身高时，量尺（最小刻度为1毫米）应与地面垂直，固定或贴在墙上。被测量者直立，两脚后跟并拢靠近量尺，并将两肩及臀部贴近量尺。测量人员用一根直角尺放在被测量者的头顶，使直角的两个边一边靠近量尺，一边接近被测量者的头皮，然后读取量尺上的读数，精确至1毫米。

（二）注意事项

测量者站立时，眼平视，后脑部、二肩胛部、臀部、脚后跟靠紧量尺，膝关节要直。

四、脂肪测量

脂肪的测量对了解机体的营养状态是一个很好的参数。在测量人体的脂肪时，常见的方法是皮褶法。具体皮褶法的测量内容与方法包括：

（一）测量器械

皮脂厚度计。

（二）测量方法

1. 男性体脂的测定。对于男性来说，测定体脂的较好部位在肱三头肌、胸部和肩胛下缘这三个部位。如：测定肱三头肌部位皮褶厚度是取肩和臂部之间的中点位置，测定该处皮肤拉直时的厚度；肩胛下缘皮褶厚度的测定是取肩胛骨下缘正中部位，测定该部位斜对角的皮褶厚度；胸部皮褶厚度的测定是取乳头和肩臂连接部之间连线的中点，测定该部位斜对角的皮褶厚度。

2. 女性体脂的测定。女性体脂的测定方法和男性的基本相同，区别在于测定的部位是肱三头肌、腹部（测定距肚脐右或左侧约一寸部位的垂直皮褶厚度）和髂嵴（体侧髋骨顶点略上部位斜向的皮褶厚度）。

五、心率测量

（一）测量器械

手表或秒表。

（二）测量方法

测量时，被测者坐着或平躺着，测量者以食指、中指和无名指的指端按住被测者腕动脉或颈动脉，以秒为单位，连续测三个 10 秒钟，当其中两个 10 秒钟脉搏搏动次数相同，并与另一个 10 秒钟的搏动次数相差不超过一次时，以 10 秒钟搏动次数乘以 6 的所得数，即可认定为安静时每分钟脉搏次数。

六、血压测量

（一）测量器械和方法

1. 测量器械：目前测量血压常用的血压计是台式水银柱血压计，它由血压计、气袖带、橡皮球囊组成，测量时需配用听诊器进行测量。

2. 测量方法：测血压的部位，一般测量人体两臂肱动。测量血压时要注意以下条件：情绪应稳定，应在安静的室内休息 10 ~ 15 分钟以消除疲劳、紧张等对血压的影响，检查前 5 分钟内不要做体位变动；室内温度应以 20℃左右为宜，太冷、太热对血压高低都有影响；检查血压前半小时内，应避免进食，不吸烟、不饮酒，排空膀胱（解小便 1 次）。正确测量血压的方法应分以下几个步骤：

（1）袖带缠于上臂应平服紧贴，气囊中间部位正好压住肱动脉，气囊下缘应在肘弯上 2.5cm。

（2）打开血压计开关，快速充气，待触知桡动脉脉搏消灭后再加压

30mmHg（4kPa）。

（3）将听诊器胸件置于袖带下肘窝处肱动脉上，然后放松气阀，使压力以每秒 2 ~ 3mmHg 的速度下降。

（4）当水银柱在下降过程中，从听诊器中听到第一个心搏音时数值即为收缩压；当听诊器里心搏音消失时的数值即为舒张压。如果水银柱到零位心搏音仍不消失，则以变音时数值为舒张压。

（5）放松气囊阀门，使水银柱回到零位，关闭血压计开关，把所测的收缩压/舒张压数值记录下来。

（二）注意事项

1. 被测量者至少安静休息 5 分钟，在测量前 30 分钟内禁止吸烟和饮咖啡，排空膀胱。

2. 被测量者取坐位，最好坐靠背椅，裸露右上臂，肘部置于与心脏同一水平。特殊情况下测量血压时可以取卧位或站立位。但不论被测者体位如何，血压计应与心脏水平。

3. 使用大小合适的袖带，袖带内气囊至少应包裹 80% 上臂，大多数人的臂围 25 ~ 35cm，宜使用宽 13 ~ 15cm、长 30 ~ 35cm 规格的气囊袖带，肥胖者或臂围大者应使用大规格袖带，儿童用较小袖带。

4. 将袖带紧贴缚在被测者上臂，袖带下缘应在肘弯上 2.5cm。将听诊器的探头置于肘窝肱动脉处。

5. 应相隔 2 分钟重复测量，取 2 次读数的平均值记录。如果 2 次测量的收缩压或舒张压读数相差 >5mmHg，则相隔 2 分钟后再次测量，然后取 3 次读数的平均值。

七、肺活量测量

（一）测量器械和方法

1. 测量器械：肺活量仪。

2. 测量方法：取已消毒过的肺活量吹嘴一个，插入肺活量仪测量部位。待测量仪发出第一次测量指令后，深吸气，然后尽力吹气，即可测出肺活量水平。等测量仪发出第二次测量指令后，再次深吸气，尽力吹气。仪器自动取最大值作为测量值存入手持终端。

（二）注意事项

1. 吹气时气流不可中断，一旦中断，仪器便自动记为一次测量的结束。

2. 吹气时，吹嘴要紧靠面部，不可使吹出的气体通过吹嘴与面部之间的空隙溢出，否则影响测量结果。

3. 测量结束后的吹嘴应放入桶或盒中集中消毒。

第三节 爬行健身者锻炼效果测评

一、爬行健身者定性评价

（一）视觉观察评价

1. 身体健康评价

（1）有足够充沛的精力，能从容不迫地应付日常生活和工作的压力而不感到过分的紧张。

（2）处事乐观，态度积极，乐于承担责任，事无巨细不挑剔。

（3）善于休息，睡眠良好。

（4）应变能力强，能适应环境的各种变化。

（5）能够抵抗一般性感冒和传染病。

（6）体重得当，身材匀称。

（7）眼睛明亮，反应敏锐，眼睑不发炎。

（8）牙龈颜色正常，无出血现象。

（9）头发有光泽，无头屑。

（10）肌肉、皮肤富有弹性，走路感觉轻松。

2. 心理健康评价

（1）对现实具有快速的知觉。

（2）具有自发而不俗的思想。

（3）能悦纳本身，悦纳他人，接受自然。

（4）在其环境中能保持独立，能欣赏宁静。

（5）注意基本的哲学和道德的理论。

（6）对于平常的事物，如朝露夕阳，甚至对每天的例行工作能经常保持兴趣；能分辨工作的历程与结果，对两者都能欣赏。

（7）能和少数人建立深厚的友情，并有乐于助人的热心。

（8）具有真正的民主态度，创造性的观念和幽默感。

（9）能承受欢乐与忧伤的考验。

3. 体态健美评价

（1）骨骼发育正常，身体各部位比例适当和匀称。

（2）五官端正。女性应眼大眸明，牙洁整齐，鼻子挺直，脖颈修长；男性应面孔轮廓清晰分明，五官和谐。

（3）双肩对称，男性应结实，挺拔，宽厚；女性应丰满圆润，无耸肩或垂肩之感。

（4）男性胸廓宽阔厚实，胸肌隆鼓，背视腰部以上躯干呈“V”字形（胸宽腰窄），给人以健壮和魁伟感；女性乳房丰满有弹性而不下坠，侧视有女性特有的曲线美感。两者都无含胸驼背之态。

（5）男子上肢粗壮，双腿矫健；女子下肢修长，线条柔和。小腿肌肉结实稍隆起。足弓高，两腿并拢时正视和侧视均无屈曲感。

（6）背视脊柱呈垂直状态，侧视有正常的生理曲线，肩胛骨无翼状隆起和上翘之感。

（7）女子臀部圆满，不下坠；男子臀部鼓实，稍上翘。

（8）腰细而有力，微呈圆柱形，腹部扁平，无明显脂肪堆积，具有合适的腰围。男子在放松状态时也有腹肌垒块隐现。

（9）男性肌肉匀称发达，四肢肌肉收缩时，其肌肉轮廓清晰；女性体态丰满而不显肥胖臃肿。

（10）整体看无粗笨、虚胖、瘦弱、歪斜、畸形、比例失调等形态异常现象。

4. 姿态健美评价

（1）站立：头、颈、躯干和脚的纵轴在一条垂线上，挺胸、收腹、立颈、收颔、沉肩、紧臀、两腿上拔、两臂自然下垂，形成一种优美挺拔的形态。这样人体固有的脊柱形态的曲线美也就表现出来了。

（2）行走：躯体移动正直、平稳，又不僵硬呆板；两臂自然下垂，摆动协调；两膝盖正对前方，脚尖略微外撇，落地时先脚跟着地，再逐渐过渡前脚掌，两腿交替前移的弯曲程度不要太大，步伐稳健而均匀。

（3）跑：手臂微微弯曲，上体稍有前倾，稍有转动，膝、踝关节应该有弹性，重心轻微上下波动，下肢自然放松，注意调节呼吸。跑起来既显得热情奔放，又轻松自如。

（4）坐：入座要轻，上体前倾，缓缓入座，臀部坐于座位前 1/3 或 1/2 处。上体保持挺胸、直腰、收腹，腿脚稍分，手稍撑于大腿。两腿不要摆得太宽、太大，更不要跷起二郎腿或倚东靠西。

5. 影视评价。即爬行健身者在采用各种健身健美锻炼方法的前后，分别拍摄自己全身体型照片数张进行对比。拍照时，要求男子赤膊、穿短裤；要求女子穿比基尼泳装。这样就便于看清全身的肌肉、脂肪的分布和体型情况。同时，照片要有正面、侧面和背面的。以后每隔 3 个月或半年再拍摄数张全身体型照片，然后定期将前后拍摄的照片进行对照。通过对照，可以直观形象地评价出全身肌肉、脂肪的分布情况及体型的变化情况。

6. 照镜评价。即爬行健身者在采用各种锻炼方法的过程中，要配上一面能照到全身的大镜子。通过照镜子让锻炼者认识自己的体型体态，随时观察自己体型的丰腴健美情况。当锻炼者看到自己原来消瘦或肥胖的体型已逐渐变得面色红润、眼睛有神、肌肉丰满、结实、苗条时，喜悦之情自会涌上心头。

另外，许多健身健美的练习内容可以在镜子前进行，这样可以让锻炼者学会观察自己正在作功的肌肉，及运动着的身体和不断变化着的姿态。可能的话，最好在镜子旁贴一张体型丰腴健美的明星照片，向他（她）展开挑战。这样会有助于增强锻炼者坚持健身健美锻炼的决心和信心。

镜子作为锻炼者忠实的朋友，是绝对不会说谎的。所以为了观察锻炼者体型体态变化而预备的镜子，应放置于锻炼和休息场所内，并经常对照。

（二）本体感觉评价

1. 日常穿戴感觉。爬行健身者身上的一些穿戴之物，如皮带、裤子、裙子、内衣、内裤及手表带等都可成为提供有关健身健美锻炼情况的依据。在锻炼者采取健身健美锻炼措施后，如果原来穿戴的衣物尺寸明显变得宽大起来，即可说明锻炼者的体型更趋苗条或消瘦了；如果锻炼者穿的衣裤或皮带、手表带更趋绷紧了，即可说明锻炼者的体型更趋丰腴健美，收到了良好的锻炼效果。

2. 爬行健身锻炼后感觉。就是指爬行健身者在参加锻炼后，尤其是参加健身健美器械锻炼后，自己应感觉到所练部位的肌肉群有酸、胀、饱满、发热和外形明显扩张的反应。这种反应和感觉越强烈，说明器械负荷锻炼对身体局部肌肉群的刺激越深，而身体局部的肌肉群通过锻炼后所达到的饱和度状态，即说明器械健身健美锻炼所取得了效果。也因为对饱和度的反应目前还没有更为科学的定量方法来测定，故只有通过自我感觉的方法去体会。例如，初次利用杠铃进行健身健美锻炼的人，以适当的各类重量采用反握弯举练上臂肱二头肌群，做三组动作即可达到饱和度状态。即，其感觉应是第一组做 10 ~ 12 次就可以出现肌肉的毛细血管充血扩张的感觉；第二组再做 10 ~ 12 次就会感到肌肉群有酸、胀、饱满的反应；第三组做 8 ~ 10 次即可达到肌肉群极度紧张、发硬，肌肉表面温度升高发热，肌肉群外形明显扩张、体积增大的良好效果。

二、爬行健身者定量测评

（一）爬行健身者的常规测量评价

1. 体重的测评。体重是身体发育状况的基本指标。测量时，被测量者需穿背心和短裤，平稳地站在体重计上。测量误差不得超过0.5千克，因肌肉的比重较脂肪大，故肌肉丰腴健美者可能会超过正常体重标准。但有些脂肪过多的人，也往往会超过正常的体重标准，所以要参考脂肪厚度。

2. 脂肪厚度的测评。测量时，被测者直立，两臂自然下垂，测量者将其测量处的皮肤和皮下脂肪与脊柱成45度角捏起，用卡尺量得的数值即为脂肪厚度。一般正常人的脂肪厚度为0.5厘米~0.8厘米，超过这个数值说明脂肪过多；反之，说明脂肪过少。对同样体重的人通过检测脂肪厚度，可确定体型是肌肉型、肥胖型或为消瘦型。当您采取健身健美锻炼措施后，若测得脂肪厚度逐渐趋于或低于正常水平，则说明健身健美锻炼的效果良好。

3. 身高的测评。身高是骨骼发育情况的主要指标。测量时，被测者不得穿鞋，足跟、骶部和两肩胛骨中间部位与身高计的立柱紧贴；两臂自然下垂，眼睛平视。测量误差不得超过0.5厘米。人的身高一般在清晨较高、傍晚较低。这是因为经过一天的活动和身体重力的作用，足弓变浅；脊柱椎体间隙变小，椎间盘变薄；脊柱也会弯曲一些。而经过一夜的休息，清晨时身高又复原了。所以，身高测量应在相同时间、相同条件下，用统一方法进行测量，以减少误差。

4. 体围的测评

（1）颈围的测评：颈的围度可反映颈部肌肉的发育情况。测量时，被测者身体直立、眼睛平视、两臂自然下垂，口微开以减少颈部肌肉的紧张，测量者将皮尺水平置于颈后第七颈椎上缘，前面置于喉结下方，即颈部最细的部位，这样所测量的围度即为颈围。

（2）肩围的测评：肩的围度可反映肩部骨骼和肌肉的发育情况。测量时，被测者直立，两臂自然下垂；测量者将皮尺放在两腋前线顶点，水平围肩一周所测量的围度即为肩围。

（3）胸围的测评：胸的围度，反映着胸廓的大小和胸部肌肉与乳房的发育情况，是身体发育状况的重要指标。测量时，被测者身体直立，两臂自然下垂。皮尺前面放在乳头上缘（女子放在乳房上），皮尺后面置于肩胛骨下角处。先测量安静时的胸围度，再测深吸气时的胸围度，最后测深呼气时的胸围度。深吸气时与深呼气时的胸围之差称为呼吸差，可反映呼吸器官的功能。一般成人呼吸差为6~8厘米，经常参加锻炼者的呼吸差则可达10厘米以上。测量未成年女性时，测量者应将皮尺水平放在肩胛骨下角，前方放在乳峰上，测出胸廓一周的围度。同时，在测量胸围时应注意提醒被测者不要耸肩，呼气时不要弯腰。

（4）臂围的测评：臂的围度可反映上肢肌肉的发育情况。

A. 上臂围的测评：应先测量上臂肌肉紧张时的围度，再测量肌肉放松时的围度。被测者单臂侧平举，掌心向上，用力握拳屈肘；测量者将皮尺放在肱二头肌最突出部位测量；然后上臂放松，自然下垂，在同一部位测量肌肉放松时的上臂围。二者之差称为臂围差。上臂肌肉越发达，收缩与放松时的围度差就越大。若将测量出的左右两上臂臂围值相比较，就可看出其左右两臂肌肉的发育是否均匀。

B. 前臂围的测评：被测者两臂自然下垂，测量者应将皮尺放在前臂最粗部位测量出其围度。把测量出的左右两前臂臂围值相比较，也可看出其左右两臂肌肉的发育是否均匀。

（5）腰围的测评：腰的围度可反映出腰腹部肌肉的发育情况。测量时，被测量者应直立，两臂自然下垂，呼吸保持平稳，不要收腹；测量者将皮尺水平放在髂嵴以上3~4指处，也就是腰的最细部位。这样测出的围度即为腰围。

（6）臀围的测评：臀的围度可反映出髋部骨骼和肌肉的发育情况。测量时，被测者应两腿并拢直立，两臂自然下垂，测量者将皮尺水平放在髋部左右大转子骨的尖端，围臀一周所测得的围度即为臀围。

（7）腿围的测评：腿的围度可反映下肢肌肉的发育情况。

A. 大腿围的测评：被测者两腿分开与肩同宽，两腿平均负担体重。测量者将皮尺放在后面臀下横纹处，水平测量大腿一周的围度即为大腿围。将测出的左右两大腿围度值相比较，可看出其左右大腿肌肉的发育是否均匀。

B. 小腿围的测评：被测者两腿分开与肩同宽，两腿平均负担体重。测量者将皮尺放在小腿最粗的部位，测量一周的围度即为小腿围。将测量出的左右两小腿围度值相比较，可看出其左右两腿肌肉的发育是否均匀。

5. 脉搏的测评。脉搏是指动脉的搏动。脉搏频率，简称心率。测心率是评价心血管功能的一项重要指标。在正常情况下，成年人安静时每分钟脉搏为 70 次左右。通过长期参加健身运动锻炼的爬行健身者，安静时心跳缓慢，强而有力，脉搏次数也少，大致每分钟在 50 次左右，这是心脏机能加强和提高的表现。

6. 血压的测评。血压是指流动着的血液对血管的侧压。我们平时所讲的血压是指动脉血压。动脉血压分为收缩压（高压）和舒张压（低压）两种。一般正常高压为 100 ~ 130 毫米水银柱，低压为 60 ~ 90 毫米水银柱。

7. 肺活量的测评。人体尽全力吸气后，再尽全力呼出的气体总量，称为肺活量。肺活量可以用肺活量计测试。测量前先做 1 ~ 2 次深呼吸，然后尽量吸气再尽量呼气。在呼气时不能做任何附加动作，要一次呼出。测三次，取其中的一次最大值。成年人的肺活量一般为 3500 毫升。如经常坚持参加健身运动中的有氧锻炼项目，肺活量可达 5000 ~ 6000 毫升。

（二）爬行健身者计算评价

根据测量所得到的数据，结合现代健身健美运动对人体形态和机能等发展的要求通过下列计算方法来评价健身健美锻炼的效果。

1. 健美体型的（TL）计算评价。参见“第七章，爬行对肥胖的练防”。

2. 标准体重的计算评价

男子标准体重（千克）＝身高（厘米）－110

女子标准体重（千克）＝身高（厘米）－105

3. 身高与体重关系指数的计算评价

指数 = 身高（厘米） - 〔100 + 体重（千克）〕

评定标准为：男子标准指数为5 ~8，女子标准指数为3 ~5。若指数大于15时，则身体过于细长，肌肉无力；若指数小于1时，则身体过于肥胖。

4. 体格指数的计算评价。它是体重与身高之比和胸围与身高之比的总和，充分反映了人体纵轴、横轴和组织密度，与心肺和呼吸机能息息相关，是一个很好的评价体质、体格状况的指数。计算公式如下：

指数 = 体重（千克） + 胸围（厘米）身高（厘米） ×100

评定标准为：男子指数在85以上为体格发育良好，指数在84 ~84.9为体格发育一般；指数在84以下为体格发育较差；女子指数在82.5以上为体格发育良好；指数在81.5 ~82.4为体格发育一般；指数在81.5以下为体格发育较差。

5. 标准体型的计算评价

（1）女子：

胸围长约等于臀围长；

腰围长比胸围长或臀围长小25厘米；

大腿围比腰围长小25厘米；

小腿围比大腿围长小15厘米；

上臂围长约两倍于手腕围长。

（2）男子：

胸围长约等于臀围长；

腰围长比胸围长或臀围长小13 ~18厘米；

大腿围比腰围长小20 ~25厘米；

踝围长比小腿围长小15 ~18厘米；

上臂围长约两倍于手腕围长。

6. 全身肌肉群发达程度的计算评价

A = ［（两上臂围 + 两大腿围 + 两小腿围 + 胸围） ÷2］ ÷ ［（两腕围 + 两膝围 + 两踝围） ÷2］

经计算 A 值越大，说明全身各部位肌肉群越发达，体态越丰腴健美。

7. 全身肌肉群均衡发展的计算评价

通过对两上臂围差，两大腿围差和两小腿围差的计算，得出的差值越小越好。因为围度差值越小，就说明身体的各部位比例越趋于协调、匀称，肌肉的发展也越趋于均衡、饱满、健美。

8. 合理运动负荷心率的计算评价

通过实验发现，能强身健体的合理运动负荷是本人最大运动心率值的 85～65%之间，也称为靶心率或叫作目标心率（是指能获得锻炼效果并能确保安全的心率）。计算方法为：

最大运动心率＝220－年龄数；

合理运动负荷心率的上限＝最大运动心率×85%；

合理运动负荷心率的下限＝最大运动心率×65%；

比如，年龄为 40 岁的人，他的最大运动心率为 220－40＝180（次/分）。那么，合理运动负荷心率：上限应为 180×85%＝153（次/分）；下限应为 180×65%＝117（次/分）。这就是说，他锻炼时的心率在 153～117 次/分之间，表明运动负荷是合理的。高于或低于此范围，就要适当减小或增大运动负荷，把运动心率调整到这个范围。

9. 心脏功能的计算评价

（1）40 岁以下青年人心脏功能的计算评价

测评前先测安静时脉搏数的稳定值，接着在 30 秒钟内做 20 次原地下蹲起立动作（要求下蹲起立必须深蹲，臀部靠近脚跟，两手不得摆动），以脉搏次数上升的百分比，作为评价心脏功能的指标。计算公式如下：

上升值（%）＝蹲起后脉搏次数－安静时脉搏次数安静时脉搏次数

评定标准为：上升值达到 25%以下为优；上升值达到 26～50%为良；上升值达到 75%为及格；上升值达到 75%以上为差。

（2）40 岁以上中年人心脏功能的计算评价

测评前先测安静时脉搏数的稳定值，接着在 60 秒钟时间内上四层楼，立即测脉搏次数。

评定标准为：心率在100次/分以下为好；心率在101～120次/分为较好；心率在121～140次/分为一般；心率在141次/分以上为差。

（3）60岁以上老年人心脏功能的计算评价

先静卧10分钟，测量仰卧1分钟的脉搏次数，然后慢慢起立，再测量起立后的脉搏次数。计算公式如下：

差数＝起立后脉搏数－仰卧时脉搏数

评定标准为：差数在10以内为好；差数在11～16以内为较好；差数在17～20以内为一般；差数在21以上为差。

（三）其他

在实际中，定量评价的种类很多，除了以上的测量评价和计算评价外，还有查表评价和达标评价等方法，具体的参数可见相关的资料。然而，测量是基础；对比是手段和方法；评价是目的和结果；而改进则是爬行健身者努力的方向。所以，爬行健身者在锻炼后，可采用上述方法随时检查，定期复测，以便科学的评价健身健美锻炼效果和身心健康与体型、体态健美的程度。

三、爬行健身者体格测评样表（见表11－3－1）

表11－3－1　爬行健身者体格测评表

<table>
<tr><td>姓名</td><td></td><td>性别</td><td></td><td>出生</td><td></td><td>婚否</td><td></td><td rowspan="5">正侧背照片</td></tr>
<tr><td>学历</td><td></td><td>民族</td><td></td><td>职业</td><td colspan="3"></td></tr>
<tr><td>籍贯</td><td></td><td>通讯地址</td><td colspan="5"></td></tr>
<tr><td colspan="2">所在单位名称</td><td></td><td>联系电话</td><td colspan="4"></td></tr>
<tr><td colspan="2">既往病史</td><td colspan="6"></td></tr>
<tr><td colspan="9">（以上栏目由本人填写，以下栏目由测量者填写）</td></tr>
<tr><td>项目</td><td>测量内容</td><td>单位</td><td></td><td></td><td></td><td></td><td colspan="2"></td></tr>
</table>

续表

生理	心率		次/分					
	血压		毫米/汞柱					
	肺活量		毫升					
体形	身高		CM					
	坐高		CM					
	体重		CM					
	颈围		CM					
	肩围		CM					
	胸围		CM					
	左上臂围	直	CM					
		屈	CM					
	右上臂围	直	CM					
		屈	CM					
	前臂围	左	CM					
		右	CM					
	腰围		CM					
	臀围		CM					
	大腿围	左	CM					
		右	CM					
	小腿围	左	CM					
		右	CM					
	膝围	左	CM					
		右	CM					
	踝围	左	CM					
		右	CM					
测量者签名								
初次测量结论 月　日								

续表

锻炼后（ ）次测量结论 月 日	
锻炼后（ ）次测量结论 月 日	
锻炼后（ ）次测量结论 月 日	
锻炼后（ ）次测量结论 月 日	
备注	

第十二章

爬行健身与饮食

第一节　饮食与健康

一、饮食与运动

在现实生活中，由于环境的被污染，人们无时无刻不被“百毒”围攻：如，蔬菜水果中的农药残留和催熟剂；手机、电脑等电器的辐射；空气中的粉尘和汽车尾气；医学检查的射线和服用的药物；还有肮脏的地沟油等等。然而，如何让自己做到“百毒不侵”，专家认为，只要守住口鼻关卡，再加上“饮食 + 运动”的排毒疗法，再多的毒也不可怕。

（一）身体所产生的“毒物”

1. 西医意义的“毒物”。专家认为，人体中所产生的“毒物”其实只不过是身体内的废物而已。要想“防毒”，首先要了解“毒”从何来。西医意义上的“毒”，是进入有机体后能跟有机体起化学变化、破坏体内组织和生理机能的物质。如，因肝肾功能衰竭导致氨类物质在体内排不出，或食物、药物中含有重金属导致中毒。这些医学范畴的“毒”与时下关注的“毒”完全不同，“排毒”基本是中医概念。

2. 中医意义的“毒物”。中医所说的“毒”范围十分广泛。人时刻发生各种代谢，若外界环境不当、进食不当、体内代谢不当都会有“毒物”产生。其来源主要有两个方面：一是食物消化、吸收后产生的代谢废物在体内滞留，如食用过多精加工食品、腌制食品、高热高脂食品或激素、化学物质含量高的食物；二是环境中各种污染在体内的沉积，如接触重金属、粉尘、农药、电磁辐射、不合格化妆品等。如果此时人体代谢功能不佳，就会使得毒素不能排出，残留体内。

（二）外“毒物”对人体的侵入

1. “毒”从鼻入。虽然人体时刻受到外界侵袭而“中毒”，其中从鼻的侵入机率较高。专家认为，毒素残留在身体的不同部位，带来的负面影响也是不同的。如，呼吸系统吸了不当的空气——“毒物”，会使人咳嗽、气管敏感、哮喘、容易感冒。

2. “毒”从口入。尽管体内的毒素所残留位置不同，但摄入的方式则主要是吃了不洁或不当的食物。如，长期食用过多的红肉、脂肪、精加工食品、高热量食品、腌制食品等，而些残渣会在大肠内经过发酵、腐败产生大量毒素（如，乳酸、醋酸、亚摩尼亚、吲哚、甲基吲哚等），且这些胃肠道的“毒物”会导致口臭、便秘、恶心、腹泻等。以上这些“毒物”有的直接刺激肠壁，有的吸收入血而使人疲倦、面色晦暗，出现粉刺、雀斑、色素沉淀等。目前，大家关注的地沟油“毒”，则是让人体摄入大量的黄曲霉素及其他有害物质，增加肝肾的解毒负担。由此可见，有许多的长入体“毒物”，只要管住嘴，健康均衡饮食，不该吃的食物不吃，不健康的食物少吃，多吃有利于排毒解毒的食物，体内长期累积的毒素自然就能慢慢减少。

（三）发挥身体的自我排毒功能

目前市场上有许多商家打着排毒的概念销售产品。如“细胞排毒仪”、“离子排毒仪”、“竹炭排毒仪”、“洗肠排毒仪”。在很多美容院，还推出专门排毒的大肠水疗服务，每次价格动辄数千元。对此，许多专家认为，日常生活中代谢不当而产生的轻微毒素被很多消费者采用医学的专业手段对待，像吃药、洗肠甚至购买仪器，其实完全没必要，且经常如此会形成依赖、损害身体的正常机能。如，不少排毒保健品私自添加了大黄等泻药，长期以泻“排毒”，会影响人体对某些营养的吸收，造成贫血等不良后果。其实，人体自身就是自动的排毒器，人体有自我调整各种功能来解毒的功能，若吃了不洁食物会上吐下泻，以将口入的“毒物”排出体外。由此，人体最大的排毒系统是消化系统和泌尿系统，主要通过肝脏、肾脏、肠道来代谢。只要维护好这两个系统运转正常，就不用过度担心毒素的蓄积。

二、饮食与性格

越来越多的心理学家和营养学家开始认同，人的日常食物和性格有很大的关系。在史料和实践中也可发现，古人的粗野和现代人温顺原因，除社会的文明和进步，尤其与所吃食材的野生与圈养极为相关。即，食用野生动植物的人野性比较足，而食用圈养动植物的人一般都比较温顺。美国心理学家夏乌斯博士在《饮食·犯罪·不正当行为》中也曾提到一个怪僻少年杰利，他从小多动、性格暴戾，11 岁即因涉嫌犯罪而被法庭传讯。后来，根据营养学家的建议，父母开始严格控制杰利糖类食物的摄入，没过多久杰利的性格果然得到了显著改善。由此，想改变自己性格中的弱点或改善一下情绪，不妨有意识地选择相应的食物。特别是在青少年时期，性格的可塑性较强，最好通过“吃”来获得完美性格。

（一）饮食与以自我为中心的性格

此类人处事多任性、固执。应减少肉类食物，但可多吃鱼，并尽量生吃（如生鱼片）；改掉糖分摄取过量的习惯；多吃绿黄色蔬菜及胡萝卜。但切记不要吃过咸的食物，这样容易焦虑，功亏一篑。

（二）饮食与优柔寡断、无主见的性格

此类人处事多优柔寡断、没有主见。应建立以肉类为中心的饮食习惯。同时，食用水果、蔬菜。尤其要多吃含维生素 B、C、A 的食物。这样能增强判断力、冷静性以及养成自立、积极的个性，偶尔吃一些辣性食

物，也会有意想不到的效果。

（三）饮食与胆小、自闭、怕交际的性格

此类人平时胆小怕事、畏首畏尾，遇事缺乏胆略和勇气，多属于神经质兼冷漠。主要是缺少维生素A、B、C，宜多吃辣椒、笋干、鱼干等。也可能因为食酸性食物过量，或肉类食用过多。故，应多吃含钙和维生素B1以及贝类、大豆制品，应多吃瓜果蔬菜，宜多饮用蜂蜜加果汁，并可饮用少量的酒。

（四）饮食与易激动、发火的性格

此类人多因缺钙和维生素B。遇到不顺心的事，极易激动，甚至暴跳如雷。应减少盐分及糖分的摄取，少吃零食。可以多吃些含有钙质的牛奶及海产品。要减少盐分及糖分的摄取，少吃零食，多吃海产品。如，海带、贝、虾等。豆类及牛奶中也有含量丰富的钙质，还要多食桂圆、干核桃仁、蘑菇等，可补充维生素B1、B2。且要吃得清淡一点，不可口味太重。

（五）饮食与粗心大意的性格

此类人应多吃卷心菜（维生素C、维生素A的含量丰富）、笋干、辣椒、鱼干、牛奶、红枣、田螺等，还要减少摄肉量，少食酸性食物。

三、五脏与饮食调理

（一）“心”与饮食调理

心主血脉，其华在面。即，心气能推动血液的运行，从而将营养物质输送全身。而面部又是血脉最为丰富的部位，心脏功能盛衰都可以从面部的色泽上表现出来。心气旺盛，心血充盈，则面部红润光泽。若心气不足，心血少，面部供血不足，皮肤得不到滋养，脸色就会苍白灰暗或萎黄无华。如，心气虚、心血亏少者可用桂圆、莲子、糯米等食物作饮食调养。常食这些食物可养心补血、润肤红颜。

（二）“肝”与饮食调理

肝主藏血，主疏泄，能调节血流量和调畅全身气血和机能，使气血平能吃一些牛奶、豆制品、蔬菜、水果等碱性食物，就可中和体内的酸性成分，缓解疲劳。

2. 酸性食物的营养功效。日常生活中的某些含有着较多非金属元素的食物都属于酸性食物。如，磷、硫、氯等元素在人体内经氧化后，会生成带有阴离子的酸根，故属酸性食物。如，人们常吃的强酸性食品蛋黄、乳酪、甜点、白糖、金枪鱼、比目鱼等；中酸性食品火腿、鸡肉、猪肉、鳗鱼、牛肉、面包、小麦等；弱酸性食品：白米、花生、啤酒、海苔、章鱼、巧克力、空心粉、葱等食材都属于酸性食物。由此，酸性食物因含有较丰富的蛋白质、脂肪等营养物质，是补充身体营养素的必需食物，且因其味道鲜美，深受人们喜爱的食物。

3. 酸碱食物搭配原则。

（1）酸碱平衡。食物的酸碱搭配对人体健康具有重要意义，由于人体体液的酸碱度始终处于一个恒定的平衡状态，故平时进食的食物也一定要酸碱搭配。否则进食酸性食物过多，会造成血液呈现酸性。而为了中和这些酸性物质，身体又必然要消耗大量的钙、镁等元素，从而引起缺钙等一系列症状，如皮肤病、神经疾病等。而碱性食物使用过量，也同样会导致肌体酸碱平衡失调，导致疾病。因此，饮食过程中，酸碱食物搭配比例应得当。

（2）“酸”少“碱”多。现代社会的饮食习惯，使人们过多地进食了酸性食物，故为了健康养生，平时饮食应多吃些碱性食物，使肌体内环境呈弱碱性，这样才有利于各种生理功能的发挥。据专家的研究后提议，日常人们的饮食中酸碱食物比例应适度。

五、不良饮食方式对机体的影响

（一）饮食习惯与机体健康

1. 方便面代替早餐。维持人体正常生理代谢需要六大营养素（有的营养专家也称为七大营养素），而方便面中主要所含营养成分是碳水化合物，其他营养成分很少。若长期以方便面代替早餐，往往会导致头晕、乏

和，面部血液运行充足，表现为面色红润光泽。如，若肝之疏泄失职，气机不调，血行不畅，血液瘀滞于面部则面色青灰或出现黄褐斑。肝血不足，面部皮肤缺少血液滋养，则面色无华，暗淡无光，两目干涩，视物不清。如，对肝脏失调者，中医提倡食用银耳、枸杞、菊花、糯米、蜂蜜等食物进行饮食调养。常食这些食物，可养肝、补血、明目、润肤、祛斑增白等作用。

（三）“脾”与饮食调理

脾为后天之本，气血生化之源。即，脾胃功能健运，则气血旺盛，面色红润，肌肤弹性良好。反之，脾失健运，气血津液不足，不能营养颜面，其人必精神萎靡，面色淡白，萎黄不泽。由此，对脾运障碍者，若选用大红枣、茯苓、粳米等作饮食调养，则可滋润皮肤，增加皮肤弹性和光泽，起到养颜美容作用。

（四）“肺”与饮食调理

肺主皮毛。即，肺的气血和能机以宣降为顺。通常，人体通过肺气宣发和肃降，使气血津液得以散布全身。若肺功能失常，则肌肤干燥，面容憔悴而苍白。对肺功能失常者，需要补肺气、养肺阴。通常，可食用百合、粳米等作饮食调养。这些食物对于各种发热症愈后遗留的面容憔悴、长期神经衰弱、失眠多梦以及更年期妇女的面色无华，有较好的恢复容颜色泽的作用。

（五）“肾”与饮食调理

肾主藏精。即，肾精充盈，肾气旺盛时，五脏功能也会运行正常，气血旺盛，容貌不衰。可当肾气虚衰时，人的容颜会黑暗，鬓发斑白，齿摇发落，未老先衰。对肾功能失调引起的容颜受损者，通常可服用芝麻、核桃仁、糯米等作饮食调养。这些食物能帮助毛发生长发育，并使皮肤变得洁白、丰润。

四、饮食与搭配

（一）食材搭配

为了摄取均衡的营养，科学合理的搭配食材是现代饮食所越来越强调的。而且，我们的祖先也早已发现了其间奥妙，告诉我们只有坚持传统饮食结构的食物搭配，才能保持健康，且用言简意赅的诗句生动地勾画出了食物搭配的黄金原则。如：

1. “五谷宜为养，失豆则不良”。即，阐明五谷杂粮富含营养，但缺乏赖氨酸——“限制性氨基酸”，故需要搭配富含赖氨酸的豆类食用。这也是平时家里都应多吃豆制品的原因。

2. “五畜适为益，过则害非浅”。即，是说动物性食物不能吃得太多，过量就会危害健康。英国营养学专家也认为，每人每天食用的肉类最好不要超过 85 克，也就是一两半左右。

3. “五菜常为充，新鲜绿黄红”。即，说蔬菜是充饥用的，一天应吃一斤左右。且要吃各种颜色的菜。如，绿色蔬菜富含叶绿素和叶酸，叶绿素消炎作用很强，叶酸除了孕妇需要外，造血系统也需要；黄色的胡萝卜素是维生素 A 的前体；红色的番茄红素是抗氧化剂。

4. “五果当为助，力求定次数”。即，吃水果虽有益健康，但水果不能代替蔬菜。因水果是享受性的食物，而蔬菜则是生存性食物。水果每次要少吃一点，适当可多吃几次。

综上所述，中国传统膳食是以植物性食物为主，五谷杂粮以豆类为主食。食物中 70% 的热量与 67% 的蛋白质来自谷物。副食是新鲜的天然食品，蔬菜要丰富。若搭配水果、菌类、藻类，应外加少量肉食。烹调大多使用植物油，坚持低温烹饪。调味料有大豆酱、酱油、豆豉、醋等生态发酵食品。绿茶等为大众化的天然饮料。正是这种传统膳食结构保证了中华民族五千年的健康繁衍。

（二）酸碱搭配

众所周知，人体的内环境基本是呈中性，略偏碱性的。在新陈代谢过

程中，身体会产生大量酸性物质，但都能被血液中的缓冲物质所中和，因而不至于使体内环境呈酸性。然而，有时也会造成紊乱。如，患腹泻时，排出物呈碱性，体内的酸性就会相对增多，从而使体内呈酸性；大量呕吐时，胃酸损失过多，体内又可呈碱性。所以进食时，食物的酸碱度会对人体的酸碱平衡造成较大的影响。总体而言，日常的食材中大部分肉类都于酸性食物，而大部分的蔬菜、水果等，都属于碱性食物。

1. 碱性食物的营养功效。碱性食物是指所含的碱性元素（钠、镁等）比酸性元素（氯、硫、磷等）的比例大，且在人体代谢后产碱性的食物。如，大豆、豆腐、牛奶、菠菜、莴笋、土豆、冬菇、葱、萝卜、海带、西瓜、香蕉、梨、苹果等。另，日常某些吃起来的食物，如李子、桃等，它们所含的都是有机酸，在人体内代谢后氧化碳和水，对体液酸碱性没有多大影响，而原来与有机酸结钠、镁等，在人体内会最终代谢为带阳离子的氧化物，使体液呈它们也属于碱性食品。综合多数碱性食材，其主要的营养功效包

（1）碱性食物能为身体提供较全面的营养素。碱性食物能供钙、镁、钾、钠等无机盐元素，还可以提供人体所需的多种量元素和膳食纤维等。而膳食纤维在促进肠蠕动、防止便秘、癌物及有毒物质的吸收、降低血液胆固醇等方面都起着重要作

（2）碱性食物具美容作用。实践得知，真正的美容是的，营养的好坏决定着皮肤的肤质和色泽。食物的质量和酸颜产生影响，其中碱性食物被认为是极具美容作用的食物。

（3）碱性食物有助于提高智商。研究发现：某些学商发育水平较低的孩子，常都是酸性体质。如果能让他们食物，将有助于提高他们智商水平和学习成绩。

（4）碱性食物可中和体内酸性成分。一般正常人的人在运动后，常会感到肌肉、关节酸胀，精神疲乏，其的糖、脂肪、蛋白质等被大量分解，在分解过程中产性物质。这些酸性物质刺激了人体的组织器官，使人

力、消瘦、心悸、精神不振等，严重者可出现体重下降，肌肉萎缩等营养缺乏症之表现。故，经常食用方便面替代早餐，对人体健康和发育是极为不利的。

2. 水果代替蔬菜。蔬菜是仅次于粮食的人体必需的食物，它更能有效地促进人体吸收蛋白质、脂肪、碳水化合物等营养物质。研究表明，若人仅食动物食品，蛋白质吸收率为70%，但如兼食蔬菜，则吸收率可达90%以上。再者，蔬菜中所含特有的植物粗纤维能刺激肠道蠕动，起到助消化、防肠癌之作用。故，尽管水果和蔬菜都含有丰富的维生素，但日常饮食过程中，水果是无法替代蔬菜的。

3. 矿泉水代替白开水。荷兰科学家对瓶装矿泉水所进行的分析结果发现：矿泉水容易受到危险微生物和细菌的污染。尽管这些细菌可能并不会对健康人的身体造成太大的威胁，但对那些免疫力较弱的人来说，瓶装矿泉水中的细菌可能会造成相当大的危险。故，很多人认为，矿泉水中含有丰富的矿物质，平时可不再喝白开水，全用矿泉水代替的习惯应加以纠正。

4. 畜肉代替鱼肉。多数汉族人有着只吃猪肉，少吃或不吃鱼肉的习惯。虽然两者的蛋白质含量和吸收率差异不大，但脂肪的构成却有很大差异。如，鱼的脂肪含有较多的某种多不饱和脂肪酸，这种脂肪酸对儿童的大脑发育和预防心血管疾病起着有益的作用；而畜肉，尤其是牛、羊、肉等，脂肪酸以饱和为主，过多摄入不利于健康。

5. 补药代替营养品。不少人在医生建议加强点营养时，往往会去服用各种的补药。然而，医学专家认为，补药是不可代替营养品的。如，氨基酸是常见补药，但若不是进食困难，则不必应用。如若，日常盲目输入较多的氨基酸不仅可致过敏反应，对于肾功能不好者，还可导致肝昏迷、尿毒症等的发生。再如，有不少人认为维生素类药物对身体有益，多吃点无妨，可临床中却反映，长期服用维生素 A、D 丸可发生维生素中毒，出现骨痛、呕吐、瘙痒、脱发等。因此，加强营养，应从调节饮食入手，切勿滥用营养品。

6. 营养品代替天然食品。日常生活中，很多人为了加强营养，却把蛋白粉当饭吃，将维生素替代水果和蔬菜食用；认为吃了这些营养品，身体就会永葆健康；更有不少人认为，维生素类药物对身体有益，多吃点无妨，实则不然。如，很多的临床案例表明，大量的维生素 C 与肾结石形成有关。因此，加强营养，原则上应从饮食调节入手。如果饮食不够，确需补充时，应由相关专家给予建议，切不可滥补。

7. 昂贵的代替便宜的。贵的，未必就是最好的。如，昂贵的鱼翅，其主要成分是胶原蛋白。而胶原蛋白中的氨基酸构成并不全面，跟人体需要的氨基酸构成不甚符合；其实，鸡蛋、牛奶中的白蛋白、球蛋白却更符合人体需要的营养成分，故营养价值会更高。由此，与其吃鱼翅摄取那一点胶原蛋白，还不如吃鸡蛋、喝牛奶吸收白蛋白、球蛋白来得有营养。

（二）过量饮食与疾病

“饭吃七分饱，到老不需药”。即，从某些方面表明，吃饭长此过量会对人们的机体带来诸多伤害。然而，现实生活中，人们往往禁不住美食的诱惑，频繁出现饮食过量的情况。中医专家也指出，长期饮食过量，或短期暴饮暴食都会损害健康，诱发某些疾病的发生。如：

1. 过量饮食与胃、肠道疾病。吃得过饱所带来的直接危害就是胃、肠道负担加重，消化不良。此外，人体胃黏膜上皮细胞寿命较短，每 2 ~ 3 天就应修复一次。如果上顿还未消化，下顿又填满胃部，胃始终处于饱胀状态，胃黏膜就不易得到修复的机会，胃大量分泌胃液，会破坏胃黏膜屏障，产生胃部炎症，出现消化不良症状，长此以往，还可能发生胃糜烂、胃溃疡等疾病。此外，台湾科学家发现，饮食过量会使脂肪堵塞在肠道里，而造成肠阻塞，大便黑色、带血。

2. 过量饮食与神经衰弱。吃得过饱，会引起大脑反应迟钝，加速大脑的衰老。人们在吃饱后，身上的血液都跑到肠胃系统去“工作”了，容易让人长期处于疲劳状态，昏昏欲睡。如，晚餐饮食过量，饱胀的胃肠会对周围器官造成压迫，使兴奋的“波浪”扩散到大脑皮质其他部位，诱发神经衰弱。

3. 过量饮食与肥胖。现代人常吃的高脂肪、高蛋白的食物，消化起来会很困难，多余的“营养物质”往往会堆积在体内，其后果就是肥胖和一系列富贵病。无数科学研究证实，肥胖会带来包括心血管疾病、高血压、糖尿病、脂肪肝、动脉硬化、胆囊炎等，再加上由此带来的并发症，可能达到上百种。

4. 过量饮食与肾病和骨质疏松。饮食过量会因过多的非蛋白氮从肾脏排出，而势必加重肾脏的负担，并损伤肾脏功能。另，长期饱食还易使骨骼过分脱钙，患骨质疏松的概率会大大提高。

5. 过量饮食与其它疾病。日本有关专家发现，大约有30%～40%的老年痴呆病人，在青壮年时期都有长期饮食过饱的习惯。同时，日本科学家还指出，吃得太饱会造成抑制细胞癌化因子的活动能力降低，增加患癌机率。除此，临床也发现，晚餐吃得过好过饱，加之饮酒过多，很容易诱发急性胰腺炎。

（三）空腹饮食禁忌

1. 空腹饮食的三大禁忌。

（1）忌强刺激性食品。空腹进食过辣、过酸、过咸及冷冻等强刺激性食品，会破坏胃黏膜或肠壁，造成胃肠痉挛、绞痛，诱发胃肠疾病。而对于月经期间的女性，空腹进食强刺激性食品，还会引起月经紊乱、痛经。

（2）忌蛋白质含量高的食品。空腹过量进食牛奶、豆浆、鸡蛋、肉类等蛋白质含量高的食品，将“被迫”转化蛋白质为热能消耗掉，起不到营养滋补作用。且在一个较短的时间内，将蛋白质过量积聚在一起，在其分解过程中就会产生大量尿素、氨类等有害物质，不利身体健康。

（3）忌高糖食品。空腹过量进食糖类食品，会由于人体在短时间内不能分泌足够的胰岛素来维持血糖的正常值，而容易引起血糖骤然升高；还会破坏机体内的酸碱平衡，造成胃部不适，出现胃灼热、吐酸水等症状。故，空腹不宜过量进食白糖、红糖、点心、红薯等糖类食品。

2. 空腹不宜食用的常见食物

（1）冷饮。空腹状态下暴饮各种冷冻食品，会刺激胃肠发生挛缩，久而久之将导致各种酶促化学反应失调，诱发肠胃疾病。如果在女性月经期间大量喝冷饮还会导致月经紊乱。

（2）酸奶。空腹饮用酸奶会使酸奶的保健作用减弱，而饭后两小时或睡前喝，既有滋补保健、促进消化作用，又有通便的功效。但是，若空腹或过量饮用酸奶，会使胃酸浓度增高，影响人的食欲和消化功能，不利于身体健康。

（3）茶。空腹饮茶会稀释胃液，从而降低消化功能，并会引起“茶醉”症状。如，出现心慌、头晕、四肢无力、胃肠不适、腹中饥饿等现象。如若发生茶醉现象，可以吃点糖或喝上一杯糖水，上述症状即可缓解并消失。

（4）酒。空腹饮酒容易刺激胃黏膜，引起胃炎和胃溃疡等多种病变。同时，人体会很容易出现低血糖，进而出现头晕、出冷汗、心悸等症状，严重者还会导致昏迷甚至死亡。

（5）柿子。此食物含有较多的果胶、单宁酸等，这些物质若与胃酸发生化学反应，会生成难以溶解的凝胶块，并易形成胃结石。而空腹吃柿子时，大量的柿胶酚和红鞣质收敛剂与胃酸凝结成硬块，形成“柿石”。且容易引起恶心、呕吐、胃溃疡，甚至胃穿孔等。而柿子在饭后吃就不易形成“柿石”。

（6）山楂、橘子。这些食物含有大量的有机酸、果酸、山楂酸等，若空腹食用，会使胃酸猛增，对胃黏膜造成不良刺激，并使胃发胀满、泛酸。且食用时还会增强饥饿感，并加重原有的胃痛。

（7）荔枝。此食物含糖量很高，若空腹食用会刺激胃黏膜，导致胃痛、胃胀的现象。而且空腹时吃鲜荔枝过量，还会因体内突然渗入过量高糖分而发生“高渗性昏迷”。

第二节　爬行健身特殊人群的饮食

一、爬行减肥人群的饮食

（一）爬行减肥人群饮食基本要则

1. 低碳水化合物饮食。“低碳水化合物减肥法”是指不摄取米饭、面食、面包等含淀粉量高的主食，而同时增加摄取高蛋白食物，以达到快速减肥的效果。此法自 20 世纪 70 年代美国医生艾特金斯提出“食肉减肥法”以来便在世界各地大行其道，并曾经风靡美国。此法倡导者认为：人体在消耗热量时首先要消耗的是碳水化合物，其次是人体自身的脂肪，如果食物中少有碳水化合物，那么人体自然就会消耗自身的脂肪，从而达到减肥的目的。但是，由于过高的蛋白质和脂肪摄入，会引起严重缺乏碳水化合物，对身体造成很大负担，对心脏病和高血压来说是一种不可忽视的诱导因素。因此，这种方法应在医生的指导下应用。

2. 热量限制饮食。热量限制是指在提供生物体充分的营养成分（如必需氨基酸、维生素等），并保证生物体不发生营养不良的情况下，限制每日摄取的总热量，又称为饮食限制。此方法于 1935 年首次报道迄今 70 余年来，大量实验已表明热量限制是除遗传操作以外最强有力的延缓衰老和减肥的方法。同时热量限制还可推迟和降低多种老龄相关疾病。如，肿瘤、心血管疾病、2 型糖尿病等发病。目前，热量限制已经成为衰老机制和减肥等干预措施研究的重要成果。但是，其中的操作方法还有待完善，故采用此方法时，应在营养专家的指导下应用。

3. 高纤维饮食。高纤维饮食是指选用含高纤维的食物作为主食的饮食方式。含高纤维的食物包括：麦麸、玉米、糙米、大豆、燕麦、荞麦、茭白、芹菜、苦瓜、水果等。实验表明，蔬菜中的纤维比谷物纤维对人体更为有利。高纤维素比重小、体积大，进食后充填胃腔，需要较长时间来消化，故延长了胃排空的时间，使人容易产生饱腹感，减少热量的摄取；同时膳食纤维减少了摄入食物中的热量比值；纤维素在肠内会吸引脂肪而随之排出体外，有助于减少脂肪积聚。此外，高纤维饮食还可有效起到吸收毒素、防治便秘、保护皮肤、降低血脂、控制血糖等作用。

（二）爬行减肥人群的饮食顺序

对于减肥的人来说，吃饭的首位要则是“不要吃太多”。日常生活中，当人们面对满桌子喜欢吃的食物时，“吃饭只吃七分饱”的原则就会让人感到格外痛苦和残酷。其实，现实生活中想要控制食欲也是很简单。因为，日本减肥专家认为：只要改变饮食的顺序，就能良好控制食欲，有效达到减肥的效果。如：

1. 先吃膳食纤维食物。人如果摄入了碳水化合物，血糖值会急速上升，为了抑制血糖的上升，人体会分泌大量的胰岛素，而这些胰岛素还有一个作用就是将多余的能量变成脂肪储存起来，进而引发肥胖。然而，研究表明，若吃饭的时候先吃富含膳食纤维的食物，就能有效减缓随后吃进的碳水化合物、脂肪的消化吸收速度，抑制血糖值的急速上升，减少胰岛素分泌，进而减少脂肪的堆积。因此，保持这样的饮食好习惯可以有效达到减肥的功效。其次，富含膳食纤维的食物包括：根茎类蔬菜、藻类和菌类等都有一个共同特点，就是需要多嚼才能下咽，而多咀嚼不但能够刺激饱腹中枢，防止随肚子饥饿而带来的暴饮暴食，同时多嚼还有瘦脸的功效。再者，膳食纤维还能够整理人们的肠道环境，消除便秘，帮助排出肠内毒素，让人们的肌肤更加光滑靓丽。

2. 其次吃蛋白质食物。蛋白质虽对创造出人们的靓丽肌肤和闪亮秀发具有重要作用，但却也是减肥者不愿多摄入的热能元素。如蛋白质的摄入不够，人体会因基础代谢的减缓而瘦下来，但同时可能会引发人体的某些疾病。因此，即使减肥也应当适当摄入一定数量的含蛋白质食物。如，肉类、鱼类和乳制品、豆制品等。

3. 最后吃碳水化合物食物。日常饮食中，在吃了大量的膳食纤维和一定数量的蛋白质食物后，一般胃内也没多少空间留给碳水化合物容纳。

此时，往往桌上的菜也已吃差不多，捧着一碗饭也就不会有太多的食欲，这样无形之间就会减少进入人体胃里食物的量。从而达到减少食物摄入的目的，获得较好的减肥效果。

（三）爬行减肥人群饮食的基本方法

1. 早餐营养齐全。早餐对减肥者的一天是极为重要的。研究表明，早餐营养齐全，且吃得健康、吃得满意的人比那些根本不吃早餐的人瘦。因为早餐能帮助促进人们更好的新陈代谢，使之一天会燃烧更多的热量。故，早餐绝对不能省。而营养齐全的早餐应包括：含七种营养素丰富的食物。

2. 缓慢进食，细嚼慢咽。当人们在进食的时候，大脑需要大约 20 分钟的时间才能得到“我吃饱了”的信号。狼吞虎咽地吃就会在这段时间里进食过量。所以，缓慢地进食，不仅会减少食物量的摄入，而且细嚼慢咽可使唾液更好地分解食物，让食物更容易被消化和吸收，防止胃灼热和胃肠胀气。

3. 不拒甜点。甜食与减肥有着密不可分的关联，如若人们能正确的食用甜食不仅不会长胖，还会让我们更健康。日常生活中，空胃时热量吸收的效果是最好的，而且很容易在不知不觉中吃多。故，若将高热量甜点放在饭后吃，与用餐中的食物纤维一起消化，热量吸收就会减少，而且不容易吃太多。

4. 不拒鱼肉。对食物的适度控制不等于拒绝。放弃所有鱼和动物性食品，放弃油脂等，每天只用蔬菜和水果代替所有的食品，这样的“清淡饮食”长期下来会因缺乏蛋白质和脂肪，造成身体代谢降低，不仅对减肥不利，还会给健康带来更大的威胁。

5. 不拒主食。主食（如米饭、面食等）并非是令人发胖的食品。其实，主食中的蛋白质还可帮助预防减肥中可能掉头发、皮肤暗淡、抵抗力下降等问题。即便在控制体重的期间，每天也应吃一定量的主食，才能维持正常的生理机能。主食中还可适当掺入燕麦、小米或糙米等。因这些纤维丰富的谷类食物，在体内可抑制糖分或脂肪的吸收，对减肥具有相当效果。

6. 合理安排餐次。在多于4～5小时内不吃东西，体内的血糖值将降低。此时，身体会渴望摄入大量的糖分，并会产生疲乏和饥饿的感觉。控制食欲的关键在于有规律地按时进餐，每顿要饥饱适宜。营养专家提倡：在每日三餐基础上，最好另加两顿便餐，食量均以中等为宜。如，一杯香茶、水果汁或其他低热量饮料，对加餐来说是一种上佳选择。因这种方式更容易让身体消化吸收，使得新陈代谢经常处于活动中，同时使囤积脂肪的可能性最小化。

二、爬行降压人群的饮食

（一）爬行降压人群的四季饮食

1. 爬行降压人群的春季饮食。春季是一年的开始之季，天气逐渐转暖，整个自然界生机盎然，气温变化较大，早晚和中午的温差较大。依据中医理论，从季节和脏腑的关系上说，春季和肝的关系密切。肝为风木之脏，应于青色，可称为刚脏，肝气旺往往乘脾犯胃等。除了本脏器的病以外会连及他脏，而这段时期也正是高血压病的高发期或活跃期。由此，爬行降压人群的饮食调养很重要。通常，应以清淡可口为主，忌食肥甘、厚味和生冷、油腻，多食用新鲜蔬菜。如，春笋、菠菜、芹菜等，少食辛辣等刺激性食品。

2. 爬行降压人群的夏季饮食。夏天的气候特点是炎热，酷暑难耐。同时，由于雨水较多而湿重。故，易形成湿热蕴蒸。夏季人的消化功能减弱，对爬行降者来说应着眼于清淡爽口的食物，少吃油腻之品；多食易消化的食物以及新鲜蔬菜和水果，适当多吃酸味或辛香的食物，以增强食欲，且以清热消暑为原则。切忌贪冷饮而暴饮暴食；注意饮食卫生，预防传染病，不食用腐败变质的食物。

3. 爬行降压人群的秋季饮食。秋季天高气爽，大地呈现一片收获景象。但是，秋风萧瑟过后，寒气又至，燥为秋之主气，燥胜则干，使病者口干、鼻干、唇干、咽干、皮肤干等。爬行降压者在此季节应当适当调整情绪。饮食上以清淡、滋润为主，食用多汁、多浆并富含维生素的酸甘之品。如，银耳、百合、大枣、桂圆、莲子等。

4. 爬行降压人群的冬季饮食。冬季到来，万物凋零。人体也因以季节的变化而变化，以封藏而不外泄为主。尤其是爬行降压人群的饮食，应以富于营养的食物为主。既补阴，又补阳；适当选用一些具有温热性质动物类或植物类食物，以补养阳气。但特别应注意的是，不可太过量。

（二）爬行降压人群的常选食材

1. 苹果。苹果富含多糖果酸及类黄酮、钾及维生素 E 和 C 等营养成分，可使积蓄于体内的脂肪分解，对推迟和预防高血压和动脉粥样硬化发作有明显作用。

2. 西红柿。不仅各种维生素含量比苹果、梨高 24 倍，而且还含维生素芦丁，它对降低毛细血管通透性和脆性，保持及恢复毛细血管的正常弹性，抑制血小板的聚集，血栓形成等有显著作用。

3. 洋葱。它含有一种较强血管扩张作用的前列腺素 A，且能舒张血管，降低血液黏度，减少血管的压力。同时，洋葱还含有二烯丙基二硫化物和含硫氨基酸，可增强纤维蛋白溶解的活性，具有降血脂、抗动脉硬化的功能。

4. 大蒜。它含挥发性辣素，可消除积存在血管中的脂肪，且具有明显降脂作用。是主治高血脂症和动脉硬化的良药。

5. 海带。海带中含有丰富的岩藻多糖、昆布素。这类物质均有类似肝素的活性。既能防止血栓，又有降胆固醇、脂蛋白、抑制动脉粥样硬化等的作用。

6. 玉米。此食物富含脂肪。其脂肪中的不饱和脂肪酸，特别是亚油酸的含量高达 60% 以上。有助于人体脂肪及胆固醇的正常代谢。可以减少胆固醇在血管中的沉积，从而软化动脉血管。

7. 茄子。它含丰富的维生素 P，是一种黄酮类化合物，有软化血管的作用，还可增强血管的弹性，降低毛细血管通透性，防止毛细血管破裂，对防止小血管出血有一定作用。并具有保护心血管、降血压的特殊功能。

8. 茶叶。它含有茶多酚。能有效提高机体抗氧化能力，降低血脂，缓解血液高凝状态，增强红细胞弹性，缓解或延缓动脉粥样硬化。经常饮茶可以软化动脉血管。

三、爬行消脑疲劳人群的饮食

（一）爬行消脑疲劳人群的饮食要则

疲劳是主观上一种疲乏无力的不适感，上班族常处于超时工作、睡眠不足、压力巨大、缺少休闲的时间，是特易产生疲乏的人群。一项健康状况的调查结果显示，66%的人有多梦、失眠、不易入睡等现象；经常腰酸背痛者为62%；记忆力明显衰退的占57%；脾气暴躁、焦虑者占48%。英国科学家贝弗里奇曾说过，“疲劳过度的人是在追逐死亡”。此现象除了保持良好的心态外，平时可多吃些抗疲劳的食物，以提高自我免疫力，消除疲劳感。且饮食中应遵守以下要则如：

1. 饮食平衡是关键。对于消除脑疲劳的人群来说，多样化的平衡饮食，可以避免营养不良引起的身体虚弱。且需做到：每餐有水果；每天有两次蔬菜；食用含有淀粉的食物，但不要过量；每天至少一次肉、鱼或者蛋；最后还应确保每餐必不可少的奶制品。

2. 多食碱性食物。疲劳是由于人体内环境偏酸而引起，多食碱性食物则能达到消除疲劳的效果。如，新鲜蔬菜（紫甘蓝、花椰菜、芹菜、油麦菜、小白菜等）和水果、菌藻类、奶类等，都可中和体内的“疲劳素”——乳酸，以缓解疲劳。

3. 保证维生素。维生素的抗疲劳功效是众所周知的。此外，它还有助于增强免疫功能。在日常的食物中，猕猴桃、柑橘类水果，红色水果，色彩鲜艳的蔬菜都含有大量的维生素。营养专家建议：大脑正常工作需要多种维生素和矿物质。B族维生素对于维持人体的智力和体力尤为重要，它是缓解压力、营养神经的天然解毒剂，有助于把人体内积存的代谢产物尽快处理掉，是消除疲劳必不可少的营养素；叶酸是人体生长发育以及神经系统运行所不可缺少的维生素，有利于提高学习能力和记忆力，绿色带叶蔬菜、甜瓜和草莓中叶酸的含量最高；维生素C有助于保持认识活动的有效进行，含量多的蔬菜和水果有番石榴、香芹、甜椒、猕猴桃、草莓和橙子等。故，建议每天应保证吃1~2个水果、500克以上的蔬菜。

4. 适量补充碳水化合物。作为最基本的营养成分，碳水化合物是体能的主要来源。人们所有器官运行，尤其是大脑的运作更都需要消耗碳水化合物。通常，每天的50%—55%的体能补充都需要依靠碳水化合物来补充。而且，在诸多的碳水化合物中，最为有利的是面点、米饭、面包等复合碳水化合物。因为这些食物不会很快被身体消耗，可较长时间补充能量。

5. 钙镁同补。钙是天然的压力缓解剂。缺钙的脑疲劳者，总是精疲力竭地疲于奔命。神经高度紧张，工作产生的疲劳无法获得缓解。故，每餐最好至少要食用一种乳制品。而牛奶可以提供丰富的钙，且钙则是强健骨骼的重要元素；尤其失眠的时候，喝一杯温热的牛奶，其中的色氨酸可促使形成5—羟基色胺，此物质可以协助大脑调解睡眠。然而，在摄取牛奶和酸奶等富含钙质食物的同时，还应补充镁。俗话说，补钙不补镁，吃完就后悔。日常食物中，新鲜小麦胚、荞麦、核桃、杏仁、红葡萄酒、香蕉、紫菜、未加工的蜂蜜和黄豆等食物中富含镁元素。

6. 确保铁的吸收。许多女性都不喜欢吃红肉。然而，红肉所含的铁是红细胞的基本成分，可保证向身体的所有器官供氧。缺铁会导致贫血，表现为极度疲乏。铁的最好来源是血肠、肝、红肉类、乳鸽、贝类等。

7. 干果不可少。干果是能量补充剂。在进行体力和脑力活动之后，最好嚼一些干果或果干等，以快速补充体力。所以，用脑者最好常在口袋里放一些杏干、杏仁或榛子等，以备不时之需。

（二）爬行消脑疲劳人群的常选食材

1. 蜂蜜。蜂蜜能较好地消除脑疲劳。在所有的天然食品中，大脑神经元所需要的能量在蜂蜜中含量最高。蜂蜜中的果糖、葡萄糖可以很快被身体吸收利用，改善血液的营养状况。故，食用蜂蜜不仅能迅速补充体力、消除疲劳，还能增强对疾病的抵抗力。

2. 葡萄。葡萄营养丰富、味甜可口。据专家难测，每 100 克葡萄中约含蛋白质 0.4 克，脂肪 0.6 克，碳水化合物 10.25 克（高者可达 30 克），并含有钙、磷、铁等矿物质和胡萝卜素、维生素 B1、维生素 B2、维生素 C 等。此外，还含有 10 多种人体所需的氨基酸。故，常食葡萄对神经衰弱和过度疲劳均有补益。

3. 大枣。据现代医学研究证明，红枣中含有的环磷酸腺苷是人体能量代谢的必需物质。它具有扩张血管，增加心肌收缩力，改善心肌营养的功能。此外，红枣对于眼病、夜盲症、头发枯干、皮肤粗裂、心情烦躁、记忆力减退以及失眠等症状均有一定疗效。

4. 银耳。银耳味甘性平，具有滋阴润肺、益胃生津、补脑强心等之食疗效用。银耳入肺、胃、肾三经，能养肺阴、济肾燥、提神益气。中医常用其来滋补调养身体。经分析表明，银耳中含蛋白质、脂肪、粗纤维、钙、硫、磷、铁、镁、钠、钾、维生素、多糖等营养物质。药理研究发现，银耳还具有缓解肌肉疲劳、防止放射性损伤、增加机体免疫力等作用。

5. 苦瓜。很多人都有这种体会，吃一餐苦瓜就能健脾开胃，增加食欲。中医认为，苦瓜味苦，可除邪热、解劳乏、清心明目等功效。苦瓜之苦味不仅可以清心火，而且它的苦味能刺激人体分泌唾液，促进胃液分泌，恢复脾胃运化之功，增进食欲。

6. 热茶。茶中含有丰富的茶碱，它能增强呼吸的频率和深度，促进肾上腺素的分泌而达到抗疲劳的目的。咖啡、巧克力也有类似作用。

7. 其它。护脑食物还包括：菠菜、韭菜、南瓜、葱、椰菜、菜椒、豌豆角、西红柿、胡萝卜、小青菜、大豆、蒜叶、芹菜等蔬菜；核桃、花生、开心果、腰果、松子、杏仁等壳类食物，以及糙米饭、猪肝汤等。而且，平时最好不要喝碳酸饮料，要多喝白开水；尤其是多喝碱性水，以助肝脏和肠道的解毒。此外，疲劳的时候不宜将鸡、鱼、肉、蛋等大吃一通。因为，疲劳时往往人体内酸性物质会积聚较多，而肉类食物通常也属于酸性，会加重疲劳感。

第三节　爬行健身人群的饮食

一、爬行健身人群的各餐次饮食

（一）早餐的饮食

营养专家认为，早餐是一天中最重要的一餐。每天早餐要吃好，是指早餐应吃一些营养价值高、少而精的食物。因为，人经过一夜的睡眠，头一天晚上进食的营养已基本耗完，早上只有及时地补充，才能满足上午工作、劳动和学习的需要。早餐应选择易消化、吸收，以及高纤维的食物为主。一般而言，起床后进行爬行活动一定时间后再吃早餐最为适宜，因为这时人的食欲最旺盛。早餐不但要注意数量，而且应讲究质量。按成人计算，早餐的主食量应在 150 ~ 200 克之间（热量应为 700 千卡左右）。当然，从事不同劳动强度及年龄不同的人所需的热量也不尽相同，且应有所区别。如，小学生需 500 千卡左右的热量，而中学生则需 600 千卡左右的热量。就食量和热量而言，应占不同年龄段的人一日总食量和总热量的 30% 为宜。主食一般应吃含淀粉类的食物（如，馒头、豆包、面包等），还要适当增加些含蛋白质丰富的食物（如，牛奶、豆浆、鸡蛋等），再配以一些小菜。

（二）午餐的饮食

午餐是一日中主要的一餐。由于上午体内热能消耗较大，且午后还要继续工作和学习。故，不同年龄、不同体力的人，午餐热量应占他们每天所需总热量的 40%。对于常人而言，根据三餐食量配比，中餐的主食应在 200 ~ 250 克左右；且可在米饭、面制品（馒头、面条、大饼、玉米面发糕等）中间任意选择。副食应在 240 ~ 360 克左右，以满足人体对无机盐和维生素的需要；一般副食种类的选择较广泛，如肉、蛋、奶、禽类、豆制品类、海产品、蔬菜类等，可按照科学配餐的原则挑选几种，相互搭

2. 丰富维生素 E。此类营养素有延缓衰老和抗氧化功能。能阻止自由基对血管壁的损害，从而预防动脉粥样硬化、冠心病等。日常食物中，谷胚、蛋黄、坚果、植物油、鸡肉、花生、芝麻等之中都含有维生素 E。尤其建议，不要害怕吃蛋黄，每天吃 1～2 个全蛋利多弊少。

3. 不能少食膳食纤维。此类营养素的主要作用在于加强肠蠕动、降低胆固醇，且有降压和预防结肠癌等的作用。吃富含膳食纤维的食物后会有饱胀感，从而会减少食量，起到减肥的作用。日常食物中，富含膳食纤维的主要食物包括麦麸、全麦面包、卷心菜、马铃薯、胡萝卜、苹果、莴笋、花菜、芹菜等。

4. 适当摄入蛋白质。多数人不需要过多补充蛋白质。特别是爬行健身疲劳时不宜将鸡、鱼、肉、蛋等大吃一顿。因为，此时人体内的酸性物质积聚，而肉类食物属于酸性，会加重疲劳感。相反，新鲜蔬菜、水产制品等碱性食物能使身体较快恢复疲劳。

5. 低脂肪植物为主。通常，一天摄入的脂肪约占总热量的 20%～25%，而且要以植物脂肪为主。众所周知，脂肪量过多摄入会引起肥胖，导致动脉粥样硬化及某些癌症。但脂肪量也不宜过低，否则会影响脂溶性维生素的吸收。营养专家建议，每日食用油的摄入量约以 25 克为宜。而且，平时应多食用一些降脂食品。如，香菇含丰富的蛋白质、多种维生素和核酸类物质，能抑制体内胆固醇上升，有明显的降脂作用；海带、海藻所含成分能使脂肪不在心脏、血管壁上沉积；山楂含解脂酶，能促进脂肪类食物的消化，故有降血脂作用，它还能活血化瘀，对于动脉硬化有一定预防作用；沙棘果实中含有醋柳总黄酮，有降低胆固醇的效果。

6. 多样化的食物品种。不吃或少吃甜食，营养搭配合理，多食富含膳食纤维、维生素、矿物质的食物。鸡、鱼、兔肉易于吸收；奶品与豆类含钙高；新鲜蔬菜、水果可提供大量维生素、膳食纤维和微量元素，如西红柿、胡萝卜、芦笋、木耳等。同时注意饮食清淡少盐。再如，长于海藻间的贝类海鲜食品，均具有补虚益肾。莲子、枸杞子也是很好的滋补食物。

（三）46 岁后爬行健身人群的饮食特征

饮食是人们维持生命的重要途径，也是能否保持人体健康的一个关键因素。所谓民以食为天，即是说要保证人们的机体健康，饮食是必不可少的一种行为方式。要做到这一点，在饮食方面一定要保证健康安全，尤其是对46 岁以后的中老年人，他们的消化系统在退化，对饮食更有诸多的要求，故必需很好的安排。然而，对于46 岁以后参与爬行健身锻炼后的中老年人，根据他们的生理特点，更应掌握一些基本的饮食要则，以确保爬行健身锻炼效果的事半功倍体现。如：

1. 食物少摄入。俗话说：饭吃七分饱，少病无烦恼。意思就是说呢，每餐不要吃得太饱，要给肚子留个三分的空间。澳大利亚的学者研究发现，如果人类时常保持 2 ~ 3 分饥饿，其寿命将增长 20% ~ 30% 。

2. 食物暖摄入。中医讲，脾胃乃后天之本。胃喜燥恶寒，故要避免冰和凉的食物刺激，应做到食物要暖摄入。且特要注意的是，暖食摄入不等于烫食摄入。据营养专家的研究，经常吃过烫的食物会损伤食管，是食管癌的诱因之一。

3. 食物早摄入。所谓“早”，即指到吃饭的那个点。中医认为，上午7 ~ 9 点是胃经当令的时候，故早饭最好安排在这个时间。中医还认为“胃不和则卧不安”。由此，晚饭也应尽量早吃，这样才不会给肠胃增加负担。若下午参与爬行锻炼，那晚餐的时间也应尽可能地不要太迟，以免对胃造成损伤。

4. 食物细摄入。吃饭时要细嚼慢咽，这不仅可以充分吸收营养、保护肠胃、促进消化等，还要强调应把吃饭当成一件惬意的事情，别吃得太累。

5. 食物软摄入。中老年人的牙齿常会松动或者脱落，且肠胃的消化能力也大不如年轻时代。故，此年龄段的人群应吃软的食物，而不应是吃过硬的食物。另，像煎炸的油腻类不好消化的食物更应不吃或少吃。

6. 食物淡摄入。中老年人不宜吃太油腻的食物。“淡”，是指对食物要少油少盐少加工，做到能“淡”吃则不“咸”吃；能“生”吃则不

“熟”吃；能“素”吃则不“油”吃。目前，我国人食盐和食油量超标，由此引发的高血脂、高血压等病正在增多。所以，中老年人要吃的尽量清淡一点。

三、爬行健身特殊人群的饮食要则

（一）男性爬行健身饮食要则

食物与人的性功能之间存在着重要的依存关系。传统医学和现代医学认为，通过一定的膳食选择可以达到强精、壮阳和补肾等功效，它们对性欲、性反应、性行为等能产生有利的影响。从维护和调节性机能的角度，爬行健身的男性们在日常营养选择中应把握以下要则。

1. 多吃优质蛋白质。优质蛋白主要指禽、蛋、色、肉类等动物类蛋白及豆类蛋白。蛋白质含有人体活动所需要的多种氨基酸，参与包括性器官、生殖细胞在内的人体组织细胞的构成。如，精氨酸是精子生成的重要原料，且有提高性功能和消除疲劳的作用；大豆制品、鱼类均含有较多的精氨酸；且有些动物性食品，本身就含有性激素。另，酶是一种在体内具有催化活性的特殊蛋白质，能加速化学反应，对人体健康作用极大。体内一旦缺乏酶，可出现机能减退，包括性功能的减退，甚至失去生育能力。酶存在各类食物中，烹制食物时，温度过高过长，特别是炸、烤、煎等方法易使酶受到破坏。日本有学者研究后指出，鲍鱼、章鱼以及文蛤、牡蛎、魁蛤、蝾螺、海扇等贝类含丰富的氨基酸，是有效的强精食品。滑溜的水产品也具有强精效果，这类食品有鳗鱼、泥鳅、鳝鱼等。因此，对于爬行健身后的男性来说，锻炼后充足食用上述食物，对提高男性的性功能水平会有较好的功效。

2. 摄入适量的脂肪。近年来，因为成年男子大多担心胆固醇过高导致肥胖症、心脏病等，故较多采取了少摄取的原则。但从性功能的维护角度看，应适当接入一定量的脂肪。因为人体内的性激素（雄、雌激素）主要是脂肪中的胆固醇转化而来，长期素食者性激素分泌减少对性功能是不利的。另外，脂肪中含还有一些精子生成所需的必需脂肪酸。人体若必须脂肪酸缺乏时不仅精子生成受到影响，而且引起性欲下降。由此，适量脂肪的食用，还有助于维生素A、维生素E等脂溶性维生素的吸收。肉类、鱼类、食蛋中含有较多的胆固醇，适量的摄入有利于性激素的合成，尤其是动物内脏本身就含有性激素，应有所摄入。因此，尤其对于爬行健身者来说，锻炼后摄入适量的优质脂肪，对保证男性激素的合成和性功能的稳定，及突显皮肤的光滑有着较好的功效。

3. 适时补充与性功能有关的维生素和微量元素。研究表明，人体锌的缺乏会引起精子数量减少，畸形精子增加，以及性功能和生殖功能减退，甚至不育。维生素A和E都有延缓衰老和避免性功能衰退的作用，且对精子的生成和提高精子的活动均具有良好的效果。维生素C对性功能的维护也有积极作用。然而，日常生活中，动物的肝脏、胰脏、肉类、贝壳类、牛奶、谷类、豆类、马铃薯、蔬菜、红糖等之中含锌较高；肝脏、禽蛋、乳制品、鱼、蟹、贝类、甘蓝、菠菜、韭菜、芹菜、胡萝卜、南瓜、甜薯、干辣椒、番茄等菜类中含维生素A较丰富；谷胚、蛋黄、豆类、硬果、植物油、鸡肉、麦胚、麦片、面包、人造油、花生、芝麻等之中含有较多维生素E；鲜枣、各种蔬菜、水果都含有大量维生素C。因此，对爬行健身锻炼后的男性们，适时适量食用以上食物，对提高或延缓性功能水平，避免性功能衰退具有重要的作用。

4. 慎用对性功能不利的食品。日常生活中的粗棉籽油、猪脑、羊脑、兔肉、黑木耳、冬瓜、菱角、火麻仁、杏仁等被认为是不利于性功能的食品。而且，尽管其影响的环节尚不十分清楚，但我国医学也认为它们有伤精气、伤阳道和衰精冷肾等不良的作用。故，对男性来说最好少吃，尤其对爬行健身者来说，为避免其性功能下降或早衰，最好不吃或尽量少吃。

（二）女性更年期爬行健身饮食要则

更年期是中年进入老年阶段的过渡期，女性年龄约在45～55岁左右。女性更年期除了潮热、盗汗、暴躁的症状，还会出现情绪难以控制、失眠、早醒、无精打采、骨质疏松、力不从心等更年期综合症状。这些症状在一定程度上会影响更年期女性的生活和工作，也会给家庭和社会带来沉重的精神压力和经济负担。由此，对更年期女性来说，除了应及时寻求治疗外，还应多参考与诸如爬行及其它一些体育活动，以缓解更年期综合症状，提高生活质量。除此，更年期女性如能坚持合理饮食，注意饮食搭配，全面摄取营养，对于缓解更年期综合症状，更具有不可忽视的辅助作用。因此，健身专家认为，参与爬行等健身活动后的更年期女性饮食需尽量做到以下要则。

1. 摄取适量的蛋白质。更年期随着性腺的退化，其他组织器官也逐渐退化，加之爬行健身锻炼后也需要补充一定量的蛋白质。因而在饮食上应选用优质蛋白质。如，牛奶、鸡蛋、瘦肉、鱼类、家禽类及豆制品等。

2. 尽少摄入高脂肪。像猪油、奶油、牛油，蛋黄、脑髓、动物内脏等食物应尽量避免食用。因这些食物中所含饱和脂肪酸可使血液中胆固醇浓度明显升高，而促进动脉硬化的形成。在烹调过程中，最好使用植物油。如，玉米油、豆油、花生油等。

3. 尽量食用清淡食物。限制食盐的摄入量，最好每日食盐量在 6 克以下。因在更年期中常好发高血压和动脉硬化，而食盐中含有大量的钠离子，吃盐过多，可增加心脏负担，并能增加血液黏稠度，从而使血压升高。

4. 尽多食用新鲜绿色蔬菜和水果。小白菜、芹菜、大枣、山楂等含胡萝卜素、无机盐和纤维素多的蔬菜水果应尽量多吃。它不仅能增加血管的韧性，促进血清胆固醇的排除，而且还能预防动脉粥样硬化、冠心病等。

5. 尽多食用含钙丰富的食物。含钙丰富的食物除牛奶和豆制品外，其他的虾皮、海带、紫菜、酥鱼、牡蛎等的食物也含高钙。它可预防骨质疏松症。

6. 尽多食用富含维生素 B1 的食物。瘦肉、小米、豆类等食物，不仅对保护神经系统有良效，而且可减轻更年期综合症的症状也有较好益处。

7. 尽多食用高纤维食物。女性更年期应保持大便通畅，养成定时排便的习惯。便秘者可多食一些含纤维素较高的食物。如，豆类、芹菜、马铃薯等，另外，纤维素还能抑制胆固醇的吸收，从而有显著的降血清胆固醇的作用，因而能预防动脉硬化。

8. 忌食用刺激性强的食物。因更年期的女性情绪不稳定，最好忌食刺激性强的食物。如，进食酒、浓茶、咖啡等食物都会较易激动。

主要参考文献

［1］http：//baike. baidu. com/

［2］楚洁．爬出一副好身体［J］．运动养生，2011，11：40－40.

［3］魏胜敏．传统导引养生术对中老年人心率及血脂的影响［J］．吉林体育学院学报，2012，28（5）：P16－21.

［4］王瑞元．运动生理学［M］．北京，北京人民体育，2009. 6.

［5］黄玉山．运动处方理论与应用［M］．广西，广西师范大学出版社，2005. 7.

［6］易红梅等．探究爬行运动的防病健身机制［J］．中国实用医药，2008，3（6）：P136－137.

［7］胡剑秋等．太极拳对老年人的健身治病机理［J］．武汉体育学院学报，2002，36（5）：P45－46.

［8］http：//baike. baidu. com/view/731935. htm？fr＝aladdin

［9］徐清，王家琪．爬行也健身．中老年保健［J］2007. 6：26－27

［10］http：//baike. baidu. com/view/87940. htm？fr＝aladdin

［11］田里．我国健美女性体型标准研究［J］．北京体育大学学报，2001（4）P504－505，513.

［12］田里．健美男子理想体围比例研究［J］．体育科学。2001（1）P62－65.

［13］田里．我国健身运动员的体成份特征分析［J］．中国运动医学杂志，2008（1）P81－83.

［14］张亚平，田里．我国女子健美运动员体成分与竞赛成绩的关系分析［J］．

北京体育大学学报，2009（08）P138－139，144.

［15］寇广生．回归婴儿练爬行［J］．现代养生，2005，3：9.

［16］王瀛．爬行奇人拜老虎为师［J］．健身科学，2010：22－23.

［17］常燕玲．爬行，蓄谋已久的运动［J］．健身科学，2009（9）：36－38.

［18］王和周．爬行训练与传统体育训练模式之探究［J］．考试周刊，2011，(40)：139－140.

［19］易红梅，余梅英，林秋．探究爬行运动的防病健身机制［J］．中国实用医药，2008（6）：136－137.

［20］吴春丽．爬行有益健康［J］．现代日用科学，2003，1：4－4.

［21］赵广兰．如何防止老态龙钟［J］．老年健康，2004，9：18－19.

［22］陈旭．国外老人的时髦养生［J］．老年健康，2004，9：16－17.

［23］吕鸣宪．直立姿势是人类多病和短寿的罪魁祸首［J］．健康大视野．2009，6.

［24］马忠桂．论人的生理与直立姿势的不适应性及其意义［J］．学术论坛，2002，6.

［25］王健，何玉秀．健康体适能［M］．北京，高等教育出版社，2008.

［26］郭小梅．现代心脑血管病危险因素与对策［M］．北京，人民军医出版社，2010.

［27］林曙光，张敏州．中西医结合心脏病学进展［M］．厦门，中山大学出版社，2013.

［28］［美］科马洛夫．哈佛．家庭医学全书［M］．合肥，安徽科学技术出版社，2014.

［29］谢庆良．养好脊柱百病消［M］．重庆：化学工业出版社，2011.10.

［30］周运峰等．常见伤筋疾患推拿疗法［M］．郑州，中原农民出版社，1997，01.

［31］赵之心．养生先养骨［M］．吉林，吉林科学技术出版社，2009.09.

［32］梁福民，般好治．腰椎疾患比较影像学［M］．济南，山东科学技术出版社，2005，07.

［33］李国衡，李国衡．谈腰椎病［M］．上海，上海科技教育出版社，

2000，12.

[34] 姚新苗．腰椎间盘突出症中医治疗 [M]．上海，上海科学技术出版社，2002，11.

[35] 卞琴等．长期直立与大鼠腰椎骨质增生的关系 [J]．中国脊柱脊髓杂，2009，19 (1)．

[36] 任结根．重力作用下的直立行走是引起颈椎病腰椎间盘突出症的主要原因 [J]．中国实用医药，2013，8 (31)．

[37] 王安利．运动医学 [M]．北京，人民体育出版社，2008. 2.

[38] "运动解剖学、运动医学大辞典" 编辑委员会编著．运动解剖学、运动医学大辞典 [M]．北京，人民体育出版社，2000，04.

[39] 熊志新，熊刚，冯绪刚．老年按摩老年按摩养生新编详解 [M]．上海，上海科学技术文献出版社，2010. 10.

[40] 鲁湾．年爬行爬掉一身病 [J]．科学养生，2011 (4)．

[41] 周礼．巴西老人爬行养生 [J]．现代养生，2013，8：64 - 64.

[42] 朴璞．爬行健身防衰老 [J]．chinahealthcare，2008，9：121 - 121.

[43] 展任．人类重返爬行时代 [J]．生命奇观，2010 (1)：27 - 27.

[44] 徐斌．四肢爬行在体育活动中的练习 [J]．教学一得．2009，7：60 - 60.

[45] 君竹．人类该回到爬行时代吗 [J]．生命奇观．2012，(7)：44 - 46.

[46] 张宇．爬行健身法 [J]．华人时刊．2011，5.

[47] 王平．健身爬行，其乐融融 [J]．养生一得．2010，5：49 - 49.

[48] 王瑞元．运动生理学 [M]，北京，人民体育出版社，2002.

[49] 张正修．我的健康爬出来 [J]．养生一得，2012，(7)：52 - 52.

[50] http：//www. isapt. com

[51] http：//www. cntxys. com

[52] 寻医问药网

[53] 东北新闻网

[54] 家庭医生网

[55] 大河健康网

[56] 搜狐网

[57] 新浪网

[58] 搜搜新闻

[59] http：//image. baidu. com/

[60] http：//www. fitcrawl. cn/zh_ cn/

后 记

应势而为留重彩，趁势而上续辉煌。探索犹如爬坡，底蕴深厚的爬行行为，曾经为人类生命的存延起了不可估量的作用，却也曾经无奈地因自然的变迁和人类进化、文明演进而渐被遗弃。而在人们日注自我健康的当今，跌宕起伏中的爬行对人体之功效却又重新被日益热注，由此也就为爬行功能再次迎来了新的贡献机遇。

上坡的路虽难行，但爬坡之路才是向上的路。在此课题的探研过程中，研者们深切地感受到，本著作的完成只是对爬行浩瀚文化领域迈步的初始，其无尽的理论与实践内容还急待着科研者去揭示，尤其之中的爬行行为对人类的机体健养功效更有待研者去拓展和深究。为此，我们也将会以此作为起点，在本领域和相关学科领域的研究成果基础上，不遗余力的深探它的文化，旨为人类的康健促进和学科构建提供服务和基础。

为铸爬行灿烂，期望有更多的学者们在未来爬行领域的研发中迸发出激情活力和激发出昂扬斗志，在学科越来越完善、科研条件越来越改善的环境中，砥砺前行、弛而不息、奋发图强，在有限的空间内挖掘无限的潜力，在有限的知域内探获无限的学识，与同行肝胆相照，同学术荣辱与共，重现爬行的辉煌。以不负健身同仁们的殷殷关怀之情和深深信任之托。

在完成本研著的过程中，曾获得了诸多同仁和好友们的支持、指导、帮助。借此，一并向他们表示最诚挚感谢。其中，还要特别感谢的是：衷心感谢菲特克洛（上海）实业有限公司领导给予的热忱、周到支持！衷心感谢世必爱南京健身器材科技发展有限公司、季盟健身器材科技（上海）有限公司 SBI 中国区执行总裁石弘先生的无私帮助！感谢本研著组全体朴实无华同仁不懈的倾心努力！感谢所有帮助过本著作的人和其研究成果为本研究带来参阅的人！

本研著参与人员包括（按姓氏笔画排列）：王莉亚（象山县实验小学）、王振威（杭州市拱宸桥小学）、叶卫兵（浙江师范大学）、冯坤野（义乌工商职业技术学院）、许庆华（义乌苏溪中学）、李浩林（杭州临平职业高级中学）、吴立伟（浙江师范大学）、吴勇（浙江师范大学）、吴新峰（浙江师范大学）、陈玉龙（浙江师范大学）、杨三明（义乌外国语新义中学）、张荣（台州科技职业学院）、胡贵（永康一中）、胡慧娟（浙江科贸职业技术学院）、钱永东（浙江师范大学）、徐象运（温州新东方学校）、崔伟（浙江师范大学）、藏博（大连）。

本著作图像模特：林佳佳（浙江师范大学）。

浙江师范大学

田　里

2016 - 6 - 18